CONECTADOS
MAS MUITO DISTRAÍDOS

SIDNEI OLIVEIRA

CONECTADOS
MAS MUITO DISTRAÍDOS

Integrare
business

Copyright © 2014 Sidnei Oliveira
Copyright © 2014 Integrare Editora e Livraria Ltda.

Publisher
Luciana M. Tiba

Editor
André Luiz M. Tiba

Produção editorial
Crayon Editorial

Capa
Alberto Mateus

Dados Internacionais de Catalogação na Publicação (CIP)
(Câmara Brasileira do Livro, SP, Brasil)

Oliveira, Sidnei
Conectados, mas muito distraídos / Sidnei Oliveira. -- 1. ed. -- São Paulo : Integrare Editora, 2014.

Bibliografia.
ISBN 978-85-8211-055-3

1. Administração de conflitos 2. Carreira profissional - Desenvolvimento 3. Competências 4. Comportamento organizacional 5. Conflito de gerações 6. Jovens - Comportamento 7. Jovens - Trabalho 8. Recursos humanos 9. Relações entre gerações 10. Relações interpessoais I. Título.

14-04172   CDD-650.13

Índices para catálogo sistemático
1. Jovens : Competências : Carreira profissional : Desenvolvimento : Administração 650.13

Todos os direitos reservados à INTEGRARE EDITORA E LIVRARIA LTDA.
Av. Nove de Julho, 5.519, conj. 22
CEP 01407-200 - São Paulo - SP - Brasil
Tel. (55) (11) 3562-8590
Visite nosso site: www.integrareeditora.com.br

SUMÁRIO

Agradecimentos 7
Prefácio 11

Introdução 15
Geração infeliz? 15

Capítulo 1 • Seis histórias e alguns momentos 21
A história de Daniel 21
A história de Judith 25
A história de Tales 28
A história de Vitória 32
A história de Roberto 35
A história de Liliane 38

Capítulo 2 • O mundo completamente conectado 41
PRIMEIRA SESSÃO • MUDANÇAS 41
Conectados, mas... 41
Novos cenários, novos problemas 43
Ligando pontos 50

Capítulo 3 • Felicidade é algo que se realiza 67
SEGUNDA SESSÃO • ASPIRAÇÕES E EXPERIÊNCIAS 67
A crença do "ser feliz" 67
Intuição – sonho ou pesadelo? 69
Foco nas realizações 77
Tomando choque 84

Capítulo 4 • Eu nasci assim, eu cresci assim... Serei sempre assim? 103
TERCEIRA SESSÃO • AUTOCONHECIMENTO 103
Quais são meus pontos fortes e fracos? 103
Você se conhece realmente? 106
Reconhecendo facilidades e limites 109

Capítulo 5 • O valor do potencial 133
QUARTA SESSÃO • DESENVOLVENDO O TALENTO 133
Onde está a talentosa Geração Y? 133
Você vale uma aposta? 136
A maturidade e o controle 142
Profissional flux – você é? 145
É fácil ter ideias? 147

Capítulo 6 • Qual é o seu propósito? 171
SESSÃO FINAL • ESCOLHAS 171
O jovem sabe a importância do propósito? 171
Quatro questões para tocar os sonhos 175
Assumindo as escolhas 181
Sua estrada é construída a cada passo que você dá! 208

Formulários 210
Bibliografia 214

AGRADECIMENTOS

COMO FOI GOSTOSO ESCREVER este livro! Comecei sem muita pretensão, buscando apenas manter o ritmo de escrever e publicar um livro por ano. Entretanto, quando já havia diversos conteúdos que caberiam em um livro, fui surpreendido por um momento inusitado: diversas histórias começaram a surgir em minha mente e "saltar" para as páginas.

Quem conhece meu estilo de escrita irá perceber a incomum experiência que tive ao variar os textos entre a apresentação de conteúdos conceituais e a narrativa das histórias de jovens personagens.

Cabe um esclarecimento – os fatos narrados são baseados em histórias reais, uma composição das histórias de mais de 120 pessoas que já estiveram em sessões de mentoria comigo nos últimos anos e que me ajudaram a criar os seis personagens fictícios do livro. É evidente que os nomes e peculiaridades dos fatos foram alterados, mas procurei manter a essência das experiências para que o leitor pudesse se inspirar durante a leitura.

É justamente aos meus mentorados que eu gostaria de agradecer especialmente, pois sem o desprendimento e a confiança deles jamais conseguiria escrever essa obra. Para protegê-los e manter as condições de sigilo, não registrarei neste agradecimento seus nomes, mas deixo meu mais sincero OBRIGADO!

Agradeço a paciência e carinho de minha esposa – a Linda — principalmente quando eu estava mergulhado no livro e me alienava do mundo à minha volta.

Agradeço a influência e dedicação de minha amada filha, Amanda, sempre pronta a dar uma opinião sobre a obra e, é claro, por mais uma vez, realizar a revisão geral.

Agradeço a inspiração de meu filho, Rodrigo, e de sua esposa, Sara. Ele, que com sua vida incomum, consegue manter o brilho nos olhos para todas as coisas com as quais se envolve e ela, que ao descobrir-se educadora, trouxe diversas inspirações e sacadas para o livro.

Agradeço a Carla Orioli e a Camila Caputti, minhas amigas, assessoras e companheiras de caminhada, que o tempo todo estavam prontas para ouvir meus pensamentos e até os devaneios. Sem a força, a determinação e a alegria de vocês, o livro não seria tão intenso e divertido.

Agradeço ao meu amigo e escritor Eduardo Carmello, que além de me presentear com o prefácio, ajudou a validar os conceitos e me incentivou a publicar essas ideias em memoráveis cafés da manhã.

Agradeço aos conselhos e depoimentos do amigo e mestre Eugênio Mussak e do meu mentor Içami Tiba. A vida de vocês sempre será uma inspiração para mim.

AGRADECIMENTOS

Agradeço também a Bel Pesce, a grande "menina do Vale" que nem bem conheci e já sinto que somos amigos de toda a vida. A generosidade e a energia que encontrei nela certamente irão gerar muitas novas experiências.

Dedico um especial agradecimento ao André Tiba, meu editor, por prontamente acreditar e incentivar este projeto. Ele, a querida Luciana Tiba e a equipe da Integrare Editora sempre terão um lugar especial no meu coração.

Finalmente, agradeço a você que empresta alguns minutos de sua vida para prestar atenção aos meus pensamentos. Você é um espetacular incentivador do meu trabalho, por isso desejo sempre ser merecedor de sua leitura.

▲

PREFÁCIO

CONECTADOS, MAS DISTRAÍDOS, ESCRITO pelo meu amigo Sidnei Oliveira, nos apresenta um grande tesouro: uma real oportunidade de realizar seus grandes sonhos.

É preciso ter inteligência, vontade e humildade para produzir efeitos positivos por meio das próprias ações. É isso que dá significado aos diversos altos e baixos que a vida nos apresenta enquanto estamos por aqui.

E também é preciso ter atenção e foco, para não se perder na trilha, para não rodar em círculos viciosos, para não se apegar em satisfações efêmeras e depois descobrir, tardiamente, que acabou numa estrada diferente daquela que você imaginou caminhar.

Sidnei apresenta uma questão de extrema importância quando o tema é REALIZAÇÃO: diz que os jovens atuais compõem a geração mais conectada da história, mas que está um pouco distraída, não percebendo o momento singular que está vivendo e as possibilidades que pode alcançar.

Concordo plenamente. E arriscaria a dizer que também acontece com os pais e avôs desses jovens.

O livro oferece recursos importantíssimos para a construção de uma jornada proativa de desenvolvimento de carreira e de vida. Ele o ajudará a analisar e a compreender como gerenciou sua vida profissional até agora, convidando-o a descobrir como pode melhorar suas realizações. Olhar de forma madura para os erros e ajudá-los a transformar suas frustrações em alavanca para a construção de novos objetivos.

Sim, pois muitas vezes a frustração parece que apaga toda uma quantidade de realizações que promovemos para chegar até aqui. No momento da frustração, é comum esquecermos todos os nossos esforços, como se tudo o que fizemos até agora não tivesse valor nenhum.

Para mim, foi um ponto muito esclarecedor neste livro. Percebi que a vida é curta demais para ficar sofrendo e frustrado com os erros que tive no passado. Posso aprender com eles e também utilizar minhas realizações como fonte de confiança na minha capacidade de construir novas oportunidades de atuação.

O que não consegui hoje, posso conseguir amanhã, ou um pouco mais à frente. Daí o tesouro, presenteado por Sidnei: sou eu que posso realizar meus sonhos. Planejar, realizar, fracassar, aprender, confiar novamente, buscar um mentor, inovar e aspirar novos níveis de atuação.

Sidnei lhe ajudará a descobrir e fazer o que realmente quer, mas ele não passará a mão na sua cabeça. Você pagará um preço por isso. Escolhas, Foco e Valores.

Do que estou falando? Saberá ao ler o livro.

Como um excelente mentor, ele irá oferecer conhecimento e orientações precisas para que você minimize a diferença entre seu futuro desejado e seu presente real. Você aprimorará seu planejamento e suas ações, de maneira que as competências necessárias para realizar seus sonhos sejam dominadas. O resultado dessas experiências de aprendizagem e realização é a sua capacidade de vislumbrar uma vida repleta de oportunidades, sabendo como criar os passos necessários para alcançar seus sonhos.

Eduardo Carmello
Diretor da Entheusiasmos Consultoria em Talentos Humanos.

▲

INTRODUÇÃO

A razão pela qual algumas pessoas acham tão difícil ser felizes é porque sempre julgam o passado melhor do que foi, o presente pior do que é e o futuro melhor do que será.

MARCEL PAGNOL

Geração infeliz?

ESTAMOS ASSISTINDO A UMA das maiores singularidades da história da humanidade. Nunca uma geração de jovens teve de disputar tanto por um espaço na sociedade como a atual. Quando as pessoas dessa geração – conhecida como Geração Y – estavam nascendo e se educando, ocorreu grande aumento na expectativa de vida, fruto de avanços na ciência e na economia, que permitiram o maior acesso a medicamentos e tratamentos para um contingente cada vez maior de pessoas.

A maioria das estatísticas no Brasil aponta que a expectativa de vida de um bebê ao nascer está entre 72 e 75 anos. Essas estatísticas consideram aspectos como condição social, acesso à educação, índice de mortalidade infantil, distribuição de renda, entre outros. Contudo, apesar de termos diversos indicadores estatísticos que atestam a realidade de aumento significativo na idade das pessoas, prefiro avaliar esse cenário por um ângulo mais especulativo, considerando o que as pessoas esperam para sua própria realidade.

Grande parte das pessoas calculam a própria expectativa de vida olhando a sua volta, vendo a idade das pessoas idosas que conhecem, principalmente parentes e amigos íntimos. Como forma adicional, as pessoas utilizam de um expediente cultural inusitado para avaliar o tempo de vida – fazer duas perguntas quando vão ao velório de alguém:

— Quantos anos a pessoa tinha?
— De que ela morreu?

Isso indica claramente a intenção de estabelecer uma comparação com a própria realidade. Nesse cenário, é comum estabelecer a avaliação do tempo de vida a partir das seguintes condições:

1. Até 74 anos – "Nossa, morreu cedo..."
2. Entre 75 e 85 anos – "Puxa, que pena..."
3. A partir de 86 anos – "Bom, aproveitou bem..."

Além disso, já se tornou prática comum "pesquisar" a idade de atores enquanto se assiste a um filme ou a uma novela, ampliando ainda mais as referências sobre o tempo de vida.

Desta forma, pode-se ter uma percepção de que a expectativa de vida ultrapassa os 80 anos na "grande classe média" emergente no Brasil dos últimos 15 anos, moradora dos grandes centros urbanos onde o acesso a serviços de saúde, saneamento básico e educação é maior.

No livro *Jovens para sempre – Como entender os conflitos de gerações* (Integrare, 2012), abordei com profundidade todos esse aspectos. Fiz uma varredura nas estatísticas oficiais e, por isso, gostaria de destacar algumas circunstâncias resultantes desse cenário que afetam completamente o comportamento e as escolhas dos jovens.

Primeiro, devo salientar a já exposta condição de competição entre gerações. Os veteranos atuais, com idade entre 45 e 60 anos, não estão saindo do mercado como acontecia até os anos 1990. Atualmente, esse contingente de pessoas está se reciclando, ao voltar a estudar, permanecendo no mercado de trabalho. Já é conhecido o fato de que mais de 20% dos estudantes universitários do Brasil tem idade superior a 40 anos.

Segundo, os avanços tecnológicos, principalmente na informática, têm se concentrado nos aspectos de inclusão por meio de sistemas e programas cada vez mais automáticos, intuitivos e acessíveis para qualquer pessoa, de qualquer idade. Por isso, a pretensa "vantagem" que o jovem teria por conhecer mais de tecnologia está sumindo – está mais fácil para as gerações anteriores realizar as mesmas tarefas que um jovem. Isso se reflete na quantidade de pessoas que depois de se aposentarem estão retornando para o mercado de trabalho.

Por fim, os jovens de hoje foram criados em condições muito mais protegidas e privilegiadas que os próprios veteranos. Isso não ocorreu com a intenção de prejudicá-los. Na verdade, os veteranos buscaram proporcionar para os filhos melhores condições e mais possibilidades de alcançar a felicidade, disponibilizando mais recursos, acesso à informação e possibilidades de experiências, inclusive internacionais. Criaram condições para que os jovens pudessem priorizar o estudo, adiando a entrada no mercado de trabalho. Continuam mantendo uma infraestrutura de apoio para que os jovens somente saiam de casa quando tiverem condições absolutamente favoráveis. Ironicamente, os veteranos precisam continuar no mercado de trabalho justamente para sustentar essas condições de privilégios.

As transformações sociais também contribuíram para essa situação, pois os jovens hoje têm mais abertura política, um cenário econômico próspero e inédito e grandes avanços nas áreas sociais e culturais, com discussões mais amplas e transparentes sobre temas polêmicos.

Associados a todos esses fatores, pode-se considerar que os jovens têm ainda mais um privilégio – ver uma ampliação na expectativa de vida ainda maior do que a que ocorreu nos últimos 30 anos. Isso permitirá que eles projetem seu futuro até uma idade superior a 100 anos. Dessa forma, terão mais tempo, poderão cometer mais erros e aprender mais. Além disso, com mais veteranos vivos, terão mais gente disponível para apoiar.

Isso torna o jovem bastante ambicioso. Ele já trabalha com uma realidade muito boa e desenvolve-se com o objetivo de superá-la, ou seja, quer ter mais do que os próprios pais. Só que isso traz novos e maiores desafios. Por ser mais preservado, cuidado e protegido, esse jovem acabou desenvolvendo uma fragilidade comportamental para frustrações. Diante de um eventual fracasso, ele dificilmente considera a possibilidade de persistir. Normalmente, prefere buscar outro desafio.

Um recente artigo publicado na revista eletrônica *Wait But Why* (http://waitbutwhy.com/2013/09/why-generation-y-yuppies-are-unhappy.html) afirma que a geração atual é infeliz porque criou e foi criada diante de expectativas muito maiores do que a realidade poderia proporcionar. Segundo o artigo, para entender a fundo o por quê de tal infelicidade, precisamos, antes, definir o que faz uma pessoa feliz, ou infeliz. Para isso, propôs um fórmula simples:

FECILIDADE = REALIDADE – EXPECTATIVAS

O entendimento da fórmula é simples: quando a realidade da vida de alguém está melhor do que essa pessoa estava esperando, ela está feliz. Quando a realidade acaba sendo pior do que as expectativas, essa pessoa está infeliz.

Os jovens atuais compõem a geração mais conectada da história, mas está um pouco distraída, não percebendo o momento singular que está vivendo e as possibilidades que podem alcançar. Por isso, acredito que eles precisam de um tipo de apoio especial. Apoio que os veteranos tiveram durante sua juventude, mas que agora, talvez também por se distraírem com suas próprias conquistas, acabaram se omitindo de realizar. Trata-se do exercício da mentoria.

▲

CAPÍTULO 1
SEIS HISTÓRIAS E ALGUNS MOMENTOS

O que me levou a esta atividade foi o fato de gostar de contar histórias pois, antes de tudo, o que eu faço de melhor é exatamente contar uma história.

CHICO ANYSIO

A história de Daniel

ELE É UM JOVEM de 29 anos. É bacharel em Administração em uma das melhores universidades do país. Logo que se formou, conquistou a vaga de *trainee* num disputado processo de seleção em uma empresa multinacional. Foi um dos 20 selecionados no processo com mais de 25 mil inscritos. A oportunidade era única, afinal, durante o período de dois anos, os jovens selecionados seriam submetidos a um intenso processo de treinamento que incluía até o desejado período de estágio no exterior.

Mesmo tendo ganhado um apartamento dos pais, continuou morando na casa deles por insistência de sua mãe, que fazia questão de cuidar de suas coisas. Além disso, o aluguel do apartamento rendia um dinheiro que ele guardava para investir em um projeto no exterior. Ele gostava muito da ideia de conhecer o mundo, por isso, durante o período de *trainee*, decidiu fazer uma especialização em comércio exterior e ampliar seu conhecimento em idiomas, melhorando seu inglês e estudando espanhol e mandarim.

Essa escolha o qualificou para fazer o estágio de oito meses na China, patrocinado pela empresa, que definitivamente apostava no seu potencial e em diversos momentos acenava com possíveis posições para sua carreira. Todo o cenário era bastante animador e ele não tinha motivos para duvidar que era um profissional com grandes chances de crescimento. Contudo, o cenário ficou um pouco diferente de suas expectativas.

Quando o conheci, já havia se passado três anos desde o final de seu processo de *trainee*. No retorno da China, suas expectativas eram imensas. Entendia que, diante de todos os acontecimentos, seria efetivado como gestor na empresa, recebendo grandes desafios e os privilégios reservados para os executivos de futuro promissor. Mas não foi o que aconteceu.

No final de um período de dois anos como *trainee*, ele foi designado como analista em uma área de controle de suprimentos. Segundo o pessoal de recursos humanos, essa escolha decorreu justamente de sua experiência no exterior, uma vez que boa parte dos suprimentos na operação da empresa dependiam de um bom relacionamento com a matriz da empresa na China.

Mesmo um pouco decepcionado, inicialmente Daniel entendeu que a decisão tinha uma lógica e que talvez pudesse contribuir com as demandas da área. Também considerou positivo que o principal gestor da área fosse justamente o seu orientador durante o programa de *trainee*, uma pessoa com quem tinha um relacionamento muito bom.

Depois de seis meses na função, entretanto, sua motivação já não era a mesma. As tarefas se tornaram repetitivas e ele não via mais desafios para superar. Sua melhor referência era a antiga rotina na função de *trainee,* que julgava muito mais interessante, pois sempre estava na eminência de receber novos desafios.

As perspectivas de promoção a um cargo de gestor estavam cada vez menores. Ele tinha a sensação de que não acertava nunca na nova função. Seu gestor ficou mais distante e as cobranças ficaram muito mais intensas e frias. O apoio que recebia do pessoal de recursos humanos já não era mais o mesmo e o relacionamento com os colegas se tornou mais formal, ficando restrito apenas ao ambiente e aos assuntos da empresa.

Sua sensação era de que estava jogando um jogo diferente e que não havia sido para aquilo que tinha se preparado a vida toda. Decidiu desligar-se da empresa quando surgiu uma oportunidade em um concorrente.

Apesar de acreditar que o novo desafio era interessante, não conseguiu se adaptar na nova empresa e nem nas duas outras que se seguiram. Decidiu partir para uma iniciativa empreendedora com um amigo de faculdade que também estava com dificuldades em se adaptar ao "mundo corporativo".

Era uma época em que alguns jovens estavam ficando milionários com suas ideias. Tinham vidas bastante intensas, com momentos de muito trabalho, mas também de muito lazer. A ideia de criar um aplicativo para celulares e ficar rico era bastante sedutora, mas não mais do que a possibilidade de ser o próprio patrão e gerenciar o próprio tempo. Entretanto, essa iniciativa também não alcançou os resultados desejados.

Após alguns meses, as reservas financeiras se esgotaram; as tentativas de encontrar investidores para a ideia não deram resultados e, com as despesas se acumulando, ele precisou colocar o dinheiro de seu apartamento no negócio, gerando um desgaste enorme na relação entre ele e o amigo-sócio, que não conseguiu contribuir com o mesmo volume de investimentos.

Depois de diversos fracassos em rentabilizar a ideia, não houve outra possibilidade, tiveram de encerrar a empresa com um prejuízo financeiro que eliminou todas as reservas que ele havia acumulado em cinco anos de trabalho.

Voltar ao mercado de trabalho também não se mostrou fácil. Quando nos conhecemos, ele contou que ainda morava com os pais e já estava há pelo menos dez meses enviando currículos e fazendo entrevistas, sem sucesso. Contou que a maior prova de seu fracasso era um carro com oito anos de uso, cedido pelos pais para se movimentar.

Quando Daniel chegou para a primeira sessão de mentoria, tinha um rosto triste e era fácil perceber angústia em suas palavras. Por mais interessante que fosse sua formação e seu currículo, ele buscava ajuda para realinhar sua trajetória profissional, retomando o processo que abandonara em sua primeira experiência profissional. Acredita que se não tivesse feito a escolha de sair, hoje seria gerente na antiga empresa.

A história de Judith

ELA É UMA JOVEM de 28 anos. Há cinco anos concluiu o curso de Turismo numa universidade privada e começou a trabalhar em uma pequena operadora de viagens nacionais como recepcionista. Seu sonho era viver um tempo no exterior para melhorar seu inglês e, posteriormente, abrir sua própria agência de turismo.

Durante o período que trabalhou nessa operadora, conquistou a confiança dos sócios e recebeu desafios cada vez maiores, passando por telemarketing, compras, cobrança e finalmente chegando ao atendimento e vendas, onde podia ter acesso às informações dos pacotes de turismo e das expectativas dos clientes. Sua trajetória havia sido muito rápida, pois ela demostrava uma paixão incomum pelo ramo do turismo.

Depois de três anos trabalhando na empresa, decidiu que tinha chegado a hora de embarcar em seu sonho. Juntou todas as economias e conseguiu fazer um acordo com a empresa para que fosse demitida e pudesse levantar a maior quantidade de dinheiro possível. Embarcou para Nova Zelândia e lá viveu durante um ano. Nesse período, completava seu orçamento trabalhando em lanchonetes e restaurantes enquanto tentava frequentar as aulas no curso de inglês em que havia se matriculado. Ela podia se considerar privilegiada por conseguir realizar um sonho tão rapidamente, mas não era assim que se sentia.

Quando a conheci, já havia se passado um ano desde seu retorno do exterior. Ela trabalhava em uma pequena empresa de representação comercial e estava infeliz. Durante o período em que esteve na Nova Zelândia, muitas coisas não aconteceram como previa.

Ela foi para o exterior acompanhada do namorado, com quem já morava há mais de dois anos, em um imóvel cedido pelos pais dele. Quando ela anunciou a ideia, ele também embarcou na aventura com o objetivo de aprimorar o inglês. Enquanto ela tinha o objetivo de trabalhar e estudar, seu companheiro, que tinha o sustento garantido pelos pais, usufruía das novidades do novo país adotando um comportamento de turista.

Logo no primeiro mês, ela acabou seduzida pela rotina inusitada do companheiro e embarcou numa aventura que a permitiu conhecer diversos lugares diferentes e interessantes. Inicialmente, sua consciência reprimia esse comportamento, mas não era difícil elaborar um argumento oportuno para justificar suas escolhas, afinal ela pretendia ser uma agente de turismo, por isso precisava conhecer o mundo pela perspectiva de um turista.

Para gerenciar o tempo entre o trabalho e as atividades com o companheiro, acabou restringindo sua participação no curso de inglês em que estava matriculada. Ela tomou essa decisão também para conter gastos, pois surgiram despesas com viagens para lugares como Austrália, Indonésia, Vietnã e até uma rápida passagem por Hong Kong. Esse período foi bastante divertido e intenso, porque mesmo quando não tinha recursos, seu companheiro arrumava uma forma de compartilhar o dinheiro e viabilizar as microaventuras. Ela considerava isso muito normal, afinal eles conseguiram viajar para Nova Zelândia com o dinheiro da venda do carro que ela havia comprado quando trabalhava na operadora de viagens.

Depois de alguns meses nesse ritmo, os recursos ficaram mais escassos e os pais de seu companheiro já não supriam as despesas, fazendo com que ela fosse a principal fonte de renda do casal. Isso provocou um desgaste na relação, principalmente quando ela o pressionou a trabalhar em lanchonetes.

O companheiro decidiu retornar para o Brasil com a ajuda dos pais, que se propuseram a pagar apenas a passagem dele. Isso a obrigou a ficar mais dois meses trabalhando intensamente para juntar dinheiro e pagar o próprio retorno.

Quando conseguiu retornar ao Brasil, seu relacionamento com o companheiro estava totalmente desgastado pelas discussões virtuais que tiveram durante esse período. Eles acabaram se separando definitivamente. Ela voltou a morar com os pais e levou três meses até conseguir o emprego de auxiliar de faturamento em uma empresa de representação.

Quando Judith chegou para sua primeira sessão de mentoria, estava triste e tinha um tom de revolta em seu discurso. Em sua autoavaliação, ela considerava a experiência no exterior um tempo perdido, pois não conseguira sequer dominar o inglês – seus conhecimentos eram suficientes apenas para conversas triviais. Ela buscava respostas para sua realidade e novos caminhos para sua trajetória de vida.

A história de Tales

ELE TEM 32 ANOS. Há dez concluiu o curso de Comunicação Social numa universidade federal. Após três meses, foi efetivado como assistente de atendimento na agência de propaganda que havia ingressado como estagiário no último ano da faculdade. Durante quatro anos, trabalhou em diversos setores. Seu jeito "inquieto" não permitia que ele ficasse muito tempo fazendo a mesma coisa. Ele logo se cansava e buscava novos desafios em outros setores. Os sócios da agência chamavam essa atitude de "inquietude criativa" e apostavam muito em seu talento.

De fato, sua capacidade intuitiva era impressionante e diversas vezes teve ideias salvadoras para produtos que estavam desgastados. Seu talento para apresentar campanhas era visível. Apesar de normalmente ficar em silêncio nas reuniões, ele sempre tinha excelentes argumentos quando falava. Todos o consideravam um prodígio da publicidade.

Quando estava com 27 anos, desligou-se da agência para representar um produto de telefonia que estava revolucionando o mercado por ser comercializado através do sistema de "marketing de rede". Diversas pessoas estavam aderindo ao sistema e alguns vendedores tinham ficado milionários. Em geral, eles serviam de referência sobre a eficácia do sistema de vendas e Tales desejou muito ser um desses vendedores de sucesso.

Usou todo o seu talento para divulgar o método e durante um ano conseguiu criar uma rede que proporcionava rendimento igual ao que tinha na agência. A experiência estava sendo muito boa e ele já fazia planos de ampliar sua rede, pois as chances de duplicar sua renda eram promissoras, agora que ele utilizava as redes sociais com seus milhares de contatos. Dessa forma, percebeu que fazia os contatos com mais prazer pela internet do que pessoalmente e que era muito mais eficiente virtualmente.

Investiu seus recursos em campanhas on-line, criou blogs, sites e montou estratégias de divulgação realmente impressionantes, de modo que não apenas conquistava novos adeptos para sua rede de contatos, como também para o próprio sistema. Diversos outros vendedores se apoiavam em suas campanhas para conquistar adeptos. Os próprios donos do negócio costumavam apresentá-lo como o mais eficiente divulgador do sistema. Contudo, essa ação não representava um aumento expressivo em seus rendimentos, pois com a divulgação eficiente, todos os vendedores se beneficiavam e as vendas dele eram diluídas entre os novos adeptos do sistema.

Ele chegou a propor o rateio dos custos de divulgação aos donos do sistema, mas o que eles fizeram foi montar uma cartilha explicando o método que Tales utilizava a todos os participantes do sistema. Alegaram que assim o sistema ficaria mais forte e sustentável.

Quando isso aconteceu, de fato o sistema cresceu ainda mais, porém, sua renda começou a reduzir sensivelmente. Como a chave do negócio era a conquista de novos adeptos e todos os vendedores adotaram o mesmo método de divulgação, a mensagem se tornava cansativa e repetitiva, anulando possíveis "conversões".

Quando conheci Tales, o cenário era bastante complicado. Após três anos, ele já não conseguia levantar a renda necessária para viver. Precisou voltar para a casa de sua mãe, pois já não dava para manter seu pequeno apartamento. Vendeu seu carro para pagar despesas com o negócio, que no final acabou sendo denunciado como "corrente financeira" – a famosa pirâmide. Outros milhares de vendedores e adeptos do sistema também acabaram falidos ou endividados.

No caso de Tales, o maior prejuízo foi na credibilidade que possuía em sua rede de contatos. Grande parte dos adeptos de sua rede tiveram prejuízo com a "quebra" da empresa e atribuíram a responsabilidade toda a ele. Isso ficou muito evidente quando tentou se recolocar no mercado e percebeu que muitos de seus amigos e parceiros simplesmente não lhe davam crédito e muito menos uma nova oportunidade de trabalho.

Tentou, inclusive, um retorno à agência de propaganda em que havia trabalhado durante anos e onde o consideravam um talento, mas também não obteve sucesso, pois diversos colegas e até alguns clientes haviam sido seduzidos pelo sistema e também tiveram prejuízo.

Quando Tales chegou para sua primeira sessão de mentoria, disse que já tinha passado por mais de sete agências, mas nunca conseguia fazer mais do que pequenos trabalhos temporários como *freelancer* e estava muito triste com sua vida, porque já tinha passado dos 30, não tinha nada e se sentia muito mal por ter de morar na casa de sua mãe. Ele queria entender a realidade de sua vida e acreditava merecer uma nova oportunidade.

A história de Vitória

ELA ACABOU DE COMPLETAR 23 anos e está no último ano do curso de Engenharia Ambiental. É atualmente coordenadora de eventos em uma ONG focada no meio ambiente, onde trabalha sem salário e deseja ser estagiária em uma grande empresa multinacional.

Ela é filha única de um casal de classe média alta que conquistou uma confortável situação financeira com o trabalho incessante tanto do pai, alto executivo de um banco, como da mãe, advogada e fiscal da Receita Federal.

Muito idealista, ela acredita que o futuro pode ser um desastre se os jovens não agirem agora. Sua maior referência são as ações do Greenpeace e não esconde a grande simpatia que tem pelas ações radicais em que eventualmente o grupo se envolve. Por diversas vezes tentou se aproximar de grupos radicais voltados para causas polêmicas, mas seus pais, que exercem um controle extremamente rígido de sua vida, conseguiram impedi-la com chantagens emocionais e até mesmo ameaças de não mais pagar sua faculdade e de deixar de fornecer toda a infraestrutura que Vitória possui.

Apesar dos eventuais desgastes com os pais, ela tem relativa liberdade para se movimentar e uma infraestrutura pessoal razoável. Além da "mesada" de dois salários-mínimos, ela tem um carro – sempre abastecido – que ganhou dos pais quando entrou na faculdade. Para se comunicar, trabalhar e estudar, tem todos os equipamentos tecnológicos de última geração. Seu celular é um smartphone com acesso ilimitado à internet, possui notebook, tablet e internet com banda ultralarga em casa.

Ainda criança, conheceu a Disney World com os pais e já esteve em Nova York com a mãe duas vezes. A sua última viagem foi para Las Vegas com um grupo de amigas da faculdade, também um presente de seus pais quando completou 21 anos. Ela tem consciência de que sua situação é bastante privilegiada e sempre que pode compartilha sua "vida de princesa" com as amigas na sua suíte com cama de casal, TV de LED e frigobar. Claro que, eventualmente, também compartilha tudo isso com algum namorado-ficante, que consegue dormir lá quando os pais estão viajando.

Quando a conheci, havia se desligado da ONG e estava decidida a trancar a matrícula na faculdade para fazer um intercâmbio no Canadá com o objetivo de aprender os idiomas francês e inglês, contudo revelou que esse era apenas o começo, pois seus planos eram bem mais ousados.

Sua intenção era, durante o intercâmbio, juntar um dinheiro extra trabalhando como *baby-sitter* para, no final de um ano, embarcar em um navio do Greenpeace que estaria fazendo manifestações pelos oceanos, próximo a plataformas de petróleo.

Ela confessou que concluir a faculdade não era seu objetivo e que havia entrado apenas para ganhar o carro que tinha sido prometido desde sua adolescência. Disse que sua meta de vida era ser uma ativista social e lutar pela melhora do meio ambiente. Contudo, não estava satisfeita com o trabalho na ONG, pois entendia que os líderes haviam sucumbido aos pecados do capitalismo e estavam mais interessados em levantar recursos para promover eventos de conscientização do que realmente promover uma mudança.

Diversas situações estavam decepcionando Vitória na ONG, mas a ação que ela achou mais revoltante foi a de promover o plantio de mudas de árvores perto de uma comunidade na periferia da cidade. Segundo ela, por erros no planejamento dos líderes, todos tiveram de "mendigar" doações para a compra das mudas, que inicialmente estavam prometidas pela prefeitura, mas "alguém" esqueceu de preencher os formulários e acabaram ficando sem a ajuda municipal para a ação. No final, ela teve que acionar o pai, que conseguiu uma verba de patrocínio do banco, mas que exigiu colocar a própria marca na ação. Segundo seu julgamento, isso reduziu muito o efeito mobilizador do trabalho da ONG e mostrou mais uma vez a submissão aos empresários, que sempre tiram vantagens das boas ideias dos ambientalistas.

Quando chegou para a primeira sessão de mentoria, estava indignada, pois só viera por pressão de seu pai, que exigiu que fizesse as sessões se quisesse fazer o intercâmbio. Ela queria terminar logo esse processo para seguir adiante com seu plano de ser ativista.

A história de Roberto

ELE ESTÁ COM 26 anos. Fez o curso de Logística em uma escola técnica. Trabalha há quatro anos em uma grande empresa de comércio eletrônico como coordenador do centro de distribuição. Nasceu e viveu até os 15 anos em uma pequena cidade do interior do Mato Grosso e saiu de lá apenas para trabalhar na capital.

Inicialmente, morava com parentes, conseguiu ingressar numa fábrica como menor-aprendiz, trabalhando no almoxarifado. Isso influenciou bastante sua escolha profissional, fazendo com que decidisse, desde muito cedo, a trabalhar com logística. Tem como meta se tornar executivo de uma grande companhia, assumindo posições de liderança até chegar à presidência da empresa.

Com atitude sempre determinada, parece muito mais velho que uma pessoa na sua idade. Seu comportamento, seu modo de se vestir, sua fala sempre pausada e ponderada reforçam ainda mais essa impressão. Isso parece agradar intimamente o rapaz, que acredita que um de seus pontos fortes é justamente a maturidade.

Trabalhou como aprendiz apenas enquanto não podia ser registrado de outra forma, mas logo que completou a maioridade buscou um novo emprego como profissional registrado. Assumiu posições de liderança informal ainda muito cedo, pois seu comportamento, sempre muito focado, conferiu a ele o caráter de "muito responsável".

Antes que completasse 20 anos, conquistou sua primeira posição de liderança formal em um pequeno centro de distribuição numa representação comercial. Sua equipe tinha apenas três pessoas, mas ele agia como se estivesse comandando um grupo muito maior. Com 22 anos, trocou de emprego novamente, mas agora com um novo desafio – coordenar uma equipe de 30 pessoas numa empresa relativamente nova que atuava com vendas pela internet.

Depois de dois anos nessa função, viu sua equipe crescer exponencialmente, até que a empresa foi incorporada por um grande grupo comercial. Os desafios aumentaram na mesma proporção e agora comandava mais de 300 pessoas.

Nessa nova realidade, viu seus ganhos aumentarem, permitindo que ele se mudasse para um pequeno apartamento de um dormitório e comprasse seu primeiro carro. Apesar de ser um carro popular financiado em 60 meses, ele tinha muito orgulho dessa e de todas as suas outras conquistas, pois tudo que havia realizado nesses dez anos foi com muito esforço pessoal. Cada vez que viajava para sua cidade natal, fazia questão de levar presentes e contar novidades de sua trajetória para seu pai, um lavrador que não teve a oportunidade de estudar muito, mas que ensinou Roberto a sempre valorizar o trabalho honesto e responsável.

Quando o conheci, ele estava buscando um novo desafio, numa função de maior prestígio. Por tudo que já havia feito, acreditava que estava na hora de ser gerente, contudo a política de cargos na atual empresa não permitia que um funcionário pudesse assumir uma função executiva sem curso superior.

Apesar de ter consciência de que precisava fazer uma graduação, adiava continuamente a decisão, principalmente porque a rotina na empresa não permitia. Ele sempre estava fazendo plantões e trabalhando fora de seu horário. Segundo suas palavras: "quem trabalha com logística não tem vida pessoal".

Seu maior herói é o personagem Chuck Noland, do filme *Náufrago*. Interpretado por Tom Hanks, ele é um diligente gestor de logística e acaba sobrevivendo em uma ilha após um acidente com o avião da empresa. Movido de algum sentimento masoquista, chegou a dizer que sonhava em ser "o náufrago" da empresa, tamanha era a sua dedicação ao seu trabalho.

Ele argumentou que estava ficando sem energia para o trabalho atual. Isso ocorria especialmente quando surgia uma nova posição gerencial na empresa e o RH optava por um profissional externo que tinha estudado em uma universidade de prestígio, mas que não sabia nada sobre logística – o ponto mais sensível do negócio da empresa, segundo ele. Pelas suas contas, só no último ano, tinham ocorrido pelo menos seis situações como essa.

Julgava que, diferente dos "gerentes novatos" que tiveram tudo na vida e menos dificuldades, ele tinha um conhecimento muito mais apurado e necessário para assumir a função. Ele sabia que para liderar era necessário entender de pessoas, algo que havia descoberto há muito tempo, particularmente porque precisou superar muitos obstáculos para comandar suas equipes, quase sempre formadas por profissionais mais velhos que ele.

Quando chegou para a primeira sessão de mentoria, estava bastante revoltado com a direção da empresa, que nunca reconheceu seu esforço. Em nossas conversas, chegou a mencionar que não estava apenas desmotivado, estava infeliz com sua carreira e já considerava até uma mudança de área.

A história de Liliane

COMPLETOU 25 ANOS HÁ pouco tempo. Acabou de concluir o curso de Direito e trabalha em um pequeno escritório de advocacia revisando contratos. Quando entrou na faculdade, sonhava em ser advogada de um grande escritório.

Seus pais se separaram quando ainda era criança, e Liliane passou a morar com a avó. Durante o ensino médio, foi surpreendida com o falecimento da avó e perdeu toda a infraestrutura que usufruía. Na ocasião, desistiu da ideia de fazer uma faculdade, começou a trabalhar em uma loja no shopping e foi morar em uma pensão.

A adaptação foi difícil, pois apesar de ganhar um bom dinheiro com as comissões, o trabalho era intenso e os horários complicados. Chegou a trabalhar um tempo como telefonista em uma empresa de cobranças. Algumas vezes sentiu a tensão do relacionamento com os devedores e, apesar de achar o trabalho interessante, continuou tendo problemas com as escalas em horários noturnos e em finais de semana.

Assim, nunca conseguiria fazer uma faculdade. Ela sabia que precisava de um trabalho em que pudesse ter um pouco mais de estabilidade nos horários para poder estudar. Depois de algumas tentativas, conseguiu entrar em um escritório de advocacia como recepcionista. Lá, conheceu o mundo jurídico e ficou fascinada com a rotina de contratos, processos e casos. Sempre que tinha oportunidade, aproximava-se dos estagiários para entender um pouco mais do trabalho. Uma vez, acompanhando um dos advogados em um julgamento, teve a certeza do curso que queria fazer. Nascia, assim, o sonho de ser advogada.

Sua maior realização foi entrar na faculdade. Durante esse tempo, fez muitos sacrifícios e superou diversos obstáculos para concluir o curso. Começou a se dedicar cada vez mais aos assuntos do escritório – ler processos, estudar casos e tudo que estivesse ao seu alcance. Enquanto estudava, teve ajuda dos sócios do escritório que a promoveram a outros cargos de maior responsabilidade. Com o tempo começaram a chamá-la de "garota-fórum" tamanha era a frequência com que ia lá para cuidar dos processos.

Mesmo com o apoio que recebeu, ela precisou pagar parte dos estudos com financiamento público e agora tem de planejar o pagamento, mas isso não a desanima, pois, assim que terminou o curso, ela foi promovida a revisora de contratos do escritório com quase o dobro do salário.

Quando chegou para a primeira sessão de mentoria, estava bastante motivada e contente com suas conquistas e buscava apoio e autoconhecimento para ajudá-la a alcançar a próxima etapa de seu sonho – fazer o exame da ordem e se tornar advogada.

▲

CAPÍTULO 2
O MUNDO COMPLETAMENTE CONECTADO

As pessoas têm medo das mudanças...
Eu tenho medo que as coisas não mudem

CHICO BUARQUE

PRIMEIRA SESSÃO
Mudanças

Conectados, mas...

A INCORPORAÇÃO DAS MÍDIAS sociais no estilo de vida atinge as pessoas de maneiras bem antagônicas. A primeira é a evidente vantagem que se tem em estabelecer conexões pessoais produtivas, com possibilidades claras de ampliar as oportunidades profissionais, mas também há a desvantagem provocada pela distração que o despertar do interesse em assuntos diversos (muitas vezes, irrelevantes) traz, o que leva a uma perda de eficiência pessoal e profissional. É óbvio que isso se percebe nos relacionamentos, tornando-os mais superficiais, mas é no mundo corporativo que os efeitos negativos afetam mais o jovem, que vê seus gestores buscando inúmeros meios de aplicar mecanismos de controle que, quase sempre, são ineficientes.

Sabemos que é possível prestar atenção em muitas coisas ao mesmo tempo, porém, o preço a se pagar é a superficialidade, ou seja, haverá consequências para a quantidade de tarefas simultâneas.

Não há uma quantidade determinada de atividades que podemos fazer simultaneamente. Isso sempre depende do tipo de atenção que a atividade exige. Um exemplo é conversar com alguém enquanto se anda de bicicleta, são atividades perfeitamente compatíveis, pois funcionam com áreas diferentes do cérebro. Agora, se as atividades exigem os mesmos recursos do cérebro, as consequências podem representar prejuízos irreversíveis, como é o caso de uma pessoa que sofre um acidente por estar enviando mensagem no celular enquanto dirige seu carro.

Outra coisa que passa despercebida pelo jovem é que agora também temos de administrar nossa "vida digital".

Grande parte das pessoas assumem suas vidas digitais ignorando consequências reais, acreditando estar agindo anonimamente. Esse é um grande engano, pois é justamente no mundo virtual que se deixa o maior número de rastros de seus comportamentos. Nele, os relacionamentos atingem um grau de complexidade tão grande que somente por meio das redes é possível dar conta de tantos contatos. Todos querem se conhecer, ou, pelo menos, manter uma fina camada superficial de conexão que permita se atualizar sobre a vida dos outros, ou seja, está decretado o fim da privacidade total. Qualquer pessoa hoje tem aspectos de sua vida publicada na internet, seja no perfil pessoal na rede social ou no perfil de algum conhecido.

Claro que há grandes benefícios, mas devemos lembrar que a internet é apenas uma ferramenta para alcançá-los, portanto, devemos ter o controle sobre o seu uso. Quando perdemos esse controle, criamos uma realidade distorcida, com consequências muito intensas em nossas vidas.

Devemos nos manter ligados às novas tecnologias, sim, mas temos que nos lembrar que precisamos nos conectar com pessoas e não com ferramentas, por isso, é preciso se desconectar para conectar-se de fato e sem distração.

Novos cenários, novos problemas

Vivemos tempos de mudanças...

ESSA AFIRMAÇÃO NUNCA PARECEU tão atual como nesses dias. Ela foi feita há mais de dois mil anos por filósofos gregos que começavam a refletir sobre os efeitos das escolhas sobre o futuro das gerações.

As transformações que observamos em nosso cotidiano extrapolam os avanços tecnológicos e científicos, com destaque para o comportamento dos mais jovens, que buscam incessantemente o novo, o diferente da realidade, alterando, dessa forma, suas atitudes e escolhas.

Existe uma curiosa ligação entre o tempo e o ato de lidar com mudanças. Até porque, registramos nossa existência por meio da medida do tempo que só é percebida justamente pelas alterações que observamos em nossa realidade.

Airton Luiz Mendonça, em um artigo publicado no jornal *O Estado de S. Paulo*, fez algumas argumentações bem interessantes que valem o registro:

> "O cérebro humano mede o tempo por meio da observação dos movimentos. Se alguém colocar você dentro de uma sala branca vazia, sem nenhuma mobília, sem portas ou janelas, sem relógio... você começará a perder a noção do tempo. Por alguns dias, sua mente detectará a passagem do tempo sentindo as reações internas do seu corpo, incluindo os batimentos cardíacos, ciclos de sono, fome, sede e pressão sanguínea. Isso acontece porque nossa noção de passagem do tempo deriva do movimento dos objetos, pessoas, sinais naturais e da repetição de eventos cíclicos, como o nascer e o pôr do sol."
>
> Airton Luiz Mendonça – 2010

Mas será que por gostarmos dos movimentos e nos posicionarmos de acordo com eles, nos tornamos amantes naturais das mudanças?

Essa é uma questão bastante estudada por cientistas, desde filósofos e sociólogos até antropólogos e psicólogos, passando por uma infinidade de especialistas em administração, gestão e liderança. Sendo assim, não é difícil identificar teorias bem estruturadas sobre qual a reação que o ser humano tem diante de mudanças.

O meu autor preferido é Daryl R. Conner, que, em seu livro *Managing at the speed of chance,* estabelece que toda pessoa avalia a mudança pelo impacto que ela irá provocar diretamente em seus interesses. Ele considerou que, a partir do contato inicial com a mudança, o indivíduo se posiciona em três fases ao longo do tempo:

FIGURA 1 · DESENHO INSPIRADO NO MODELO ORIGINAL CRIADO POR DARYL R. CONNER

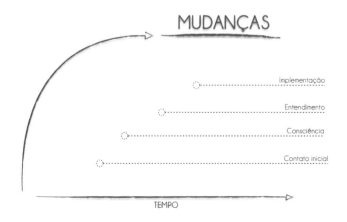

1. Consciência: É necessário o indivíduo conhecer os fatores que promovem a mudança, inclusive se ela é inevitável.
2. Entendimento: A partir da conscientização, o indivíduo passa a buscar informações sobre os aspectos da mudança que irão afetar seus interesses e expectativas.
3. Implementação: Apenas quando o indivíduo considera-se satisfeito com as duas etapas anteriores é que ele toma a decisão de aceitar as mudanças.

Você pode experimentar as sutilezas dessas fases se propondo a ler o texto abaixo:

> De aorcdo com uma pqsieusa de uma uinrvesriddae ignlsea, não ipomtra em qaul odrem as lrteas de uma plravaa etãso, a úncia csioa iprotmatne é que a piremria e útmlia lrteas etejasm no lgaur crteo. O rseto pdoe ser uma ttaol bçguana que vcoê pdoe anida ler sem pobrlmea. Itso é poqrue nós não lmeos cdaa lrtea isladoa, mas a plravaa cmoo um tdoo.

Diante dessa teoria, pude constatar alguns comportamentos bastante comuns em cada uma dessas fases.

A primeira reação, ainda na fase de contato inicial é, sem dúvida, a NEGAÇÃO a toda e qualquer proposta de mudança. O indivíduo é um ser que busca, com todas as forças, alcançar um estado de conforto. Esse é o princípio que estabelece os aspectos de merecimento e formam o conceito da "recompensa", portanto, qualquer coisa que se proponha a alterar a situação, ameaçando o estado de conforto, é alvo de rejeição.

É evidente que há mudanças que apresentam alteração para melhor no estado de conforto e seria tolice negá-las, entretanto isso remete o indivíduo para a segunda reação, que é a da RESISTÊNCIA, que muitas vezes aparece em forma de desconfiança, principalmente se o benefício for muito alto. Quando não há benefícios facilmente identificáveis, o mais comum é resistir à mudança simplesmente por ser algo novo com que não se sabe lidar ou mesmo por insegurança provocada por incertezas pessoais.

Na maioria dos casos, isso remete a pessoa à segunda fase – consciência – levando o indivíduo a um processo de EXPLORAÇÃO. Essa é uma reação focada na busca de aspectos da mudança que possam afetar diretamente os interesses pessoais. Normalmente, essa busca resulta em duas possibilidades que podem alterar a forma como o indivíduo lidará com a mudança: ele pode identificar ameaças e retornar à etapa de resistência, agora de forma mais intensa, ou ele pode iniciar a fase do entendimento, abrindo condições para a ACEITAÇÃO da novidade.

Essa é uma fase de grandes riscos, pois qualquer fragilidade no processo de comunicação pode bloquear toda a mudança. Diferentemente das primeiras etapas, nas quais são necessárias muita transparência e paciência, essa etapa precisa ocorrer rapidamente.

Para acontecer a última fase – a implementação – duas reações distintas acontecem. Primeiro, é preciso promover o ENVOLVIMENTO do indivíduo com a mudança. Depois, é necessário que ocorra o COMPROMETIMENTO com ela. Sem essas duas fases, a mudança estará acontecendo com fragilidade e pode tornar-se absolutamente ineficaz.

Curiosamente, não tenho percebido diferenças no comportamento dos jovens nesse modelo. Apesar de agirem com maior ansiedade e pressa em relação a muitos aspectos de suas vidas, quando se trata de mudanças, o comportamento é semelhante ao dos veteranos, passando sistematicamente por cada etapa de comportamento descrita no modelo abaixo:

Figura 2 · Modelo de mudanças e comportamentos

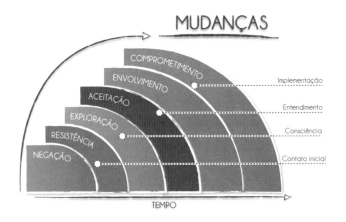

Diversas vezes identifiquei sinais de um pensamento conservador em relação a alguns valores e premissas. Um exemplo disso é quando os pais adotam uma postura mais liberal e têm atitudes que normalmente são atribuídas aos jovens, principalmente nos relacionamentos e nas redes sociais. Quando isso acontece, não é difícil os jovens censurarem os pais, dando uma impressão de inversão de valores.

Apesar de ser jovem não significar ser um amante da mudança, é esperado e até necessário uma postura contestadora e até rebelde em relação à realidade. Cabe sempre às novas gerações promover as transformações necessárias para avanço e evolução da sociedade. Entretanto, não cabe ao jovem simplesmente contestar por contestar, adotando um comportamento rebelde para tudo, ou ainda abraçar toda novidade sem uma avaliação criteriosa.

O melhor que posso sugerir ao jovem é que questione abertamente a realidade, mas de forma contributiva, eventualmente apontando oportunidades específicas de mudança e, sempre que possível, apoiando as iniciativas inovadoras.

Para adotar essa atitude é válido, portanto, algumas reflexões quando se está diante de uma situação de mudança:

1. Quanto da mudança de hoje é para "tirar o atraso" ou compensar o que deixamos de fazer no passado?
2. Quanto da mudança é nosso desejo pessoal?

3. Quanto decorre de uma necessidade de preparação para um futuro diferente que chega cada vez mais rápido independentemente de nossa vontade?
4. Quanto da transformação é uma necessidade essencial, daquele tipo que vem para ficar?
5. Quantos e em quais fatores a mudança nos afeta?
6. Quanto da mudança tem como causa fatores externos?
7. Quanto dela ocorre por entendermos que é importante mudar?

Ligando pontos

Daniel
Ainda muito triste pelas escolhas que fez, Daniel recebeu de forma muito negativa as primeiras reflexões sobre o cenário atual e as mudanças. Sua atitude era de indignação pelo momento que vivia e de como as coisas eram mais fáceis antigamente. Reclamou que havia embarcado nessa onda de ser protagonista das mudanças e se deu mal quando apostou em ideias novas. Disse que ninguém quer saber de novidades e que, sem dinheiro, nenhuma mudança acontece.

Quando questionei sobre os aprendizados que teve com suas escolhas, novamente houve uma reação agressiva, dizendo que aprendeu que deveria ter ouvido seus pais, que na época tinham pedido para ele ter paciência com a empresa que havia investido nele. Contudo, isso me pareceu mais um discurso pronto que ele deveria estar usando em sua própria casa.

Questionei por que não tinha dado certo nos outros empregos e foi aí que ele começou a mudar o tom das respostas.

Comentou que, na primeira empresa em que trabalhou depois de ter abandonado o emprego antigo, teve dificuldades em se adaptar com os procedimentos – muito mais rígidos que na empresa anterior. Além disso, por não conhecer ninguém, sentia-se isolado, praticamente um extraterrestre. Ninguém conversava com ele, nem mesmo seus colegas mais próximos. Todos trabalhavam demais e, como já se conheciam, o trabalho fluía muito melhor para eles. Isso aconteceu também nos outros dois empregos que ele teve durante o período de um ano. Ele se sentia totalmente deslocado nos ambientes novos que entrava. Depois de algum tempo, deu uma breve risada irônica e disse que ele estava na fase de NEGAÇÃO em cada novo emprego.

Pedi para que ele explicasse por que havia dado certo na primeira empresa e depois não mais nas outras empresas. Sua primeira reação foi dizer que de fato não se adaptava ao mundo corporativo, mas o argumento caiu quando lembrei que um de seus objetivos era justamente voltar para uma realidade semelhante à que deixou no primeiro emprego.

Um pouco constrangido por ter sido "pego no pulo", ele se propôs a refletir e concluiu que no processo de *trainee*, tanto na seleção como no próprio treinamento, ele havia tido tempo de estabelecer relacionamentos com os outros participantes do programa e isso ajudou bastante, pois acabaram formando um grupo de amigos que sempre estavam se apoiando.

Enquanto relatava o fato, silenciou por alguns segundos e depois comentou que parte de sua tristeza era porque perdeu o contato com esses amigos. Na época, ele não percebeu o quanto eram importantes em sua vida profissional e até se desgastou com eles quando tentaram fazer com que desistisse da ideia de sair da empresa.

Daniel sempre acompanhou a trajetória desses amigos pelas redes sociais, curtindo e eventualmente compartilhando alguma postagem, mas reconhece que na verdade tentava demonstrar, com muita vontade, que estava indo muito bem. No entanto, depois que seu plano de ser um empresário fracassou, ele se sentiu envergonhado de retomar o contato.

Perguntei se ele tinha pensado em procurar a empresa em que tinha trabalhado e ver se havia alguma possibilidade de retorno. Ele movimentou a cabeça negativamente, mas era sinal de resistência à ideia. Inicialmente, ele disse que seria humilhante demais, porém, depois de alguma reflexão, me perguntou se eu achava que existia essa possibilidade. Nesse momento, foi como se uma fagulha de luz tivesse surgido em sua mente...

Ele finalmente desarmou sua postura e pediu ajuda para se preparar para retomar o contato com a antiga empresa. Mesmo que não fosse readmitido, ele concluiu que ainda estava muito ligado à essa realidade e precisaria passar por essa etapa antes de avançar.

Nosso próximo encontro foi muito interessante, uma vez que ele teve a oportunidade de relembrar suas realizações e avaliar seus reais objetivos de vida.

Judith

As reflexões sobre mudanças tiveram um impacto inusitado em Judith. Ela absorveu racionalmente todos os conceitos e os projetou em seu antigo relacionamento, afirmando que quem deveria assistir à sessão era seu ex-namorado, pois ela o considerava acomodado e sem iniciativa.

Disse que por diversas vezes propôs mudanças e tomou a iniciativa para todas as experiências que eles tiveram. Considerava que, sem a sua capacidade de lidar com novidades, jamais eles teriam feito a viagem e muito menos visitado tantos países em tão pouco tempo. Ela afirma que tem espírito inquieto e se adapta a qualquer situação, bem diferente dele que, na nova realidade, tentou reproduzir a vida que levava em sua casa. Mencionou que ele não se preocupava com a própria alimentação ou roupas, esperando que ela desse conta do recado como se fosse a mãe dele. A mágoa estava nítida em cada palavra que pronunciava.

Como ela estava sendo franca e direta até o momento, decidi por uma abordagem sem rodeios. Questionei sobre o relacionamento antes de irem para o exterior. Como eram na vida de casal e quem cuidava do quê.

Ela mudou a atitude e disse que no início foi bem difícil, pois os pais dele não queriam que ele saísse de casa, ainda mais para morar com uma namorada. Contou que a mãe do namorado era muito ligada a ele e tinha muito ciúmes. Sempre agiu assim com todas as namoradas que ele teve. Apenas Judith havia conseguido transpor a barreira da mãe, e confessou que precisou de uma estratégia para isso.

No início, a relação com a mãe era muito distante e formal, mas ela procurou se aproximar fazendo perguntas sobre as preferências do filho. Algumas vezes ia para casa do namorado bem cedo só para "aprender" os truques de cozinha da mãe. Só depois que conquistou a confiança da mãe que ela conseguiu namorar com um pouco de paz. Mesmo assim, a mudança para o apartamento não foi fácil, mas Judith se orgulhava de ter "domado a fera".

Questionei se ela tinha percebido que estava relatando com orgulho, exatamente como foi que manteve a atitude dependente do namorado, pois havia tentado de todas as formas substituir a mãe para tê-lo por perto.

Essa reflexão deixou-a um pouco mais silenciosa e pensativa. Parece que algo novo surgiu em sua mente.

Ela finalmente voltou a falar com tom de desabafo questionando a si mesma por que havia agido assim. Eu alinhei seu questionamento lembrando que a grande questão não era por que havia agido dessa forma, mas, sim, onde estava aquela garota de "espírito inquieto que se adapta a qualquer situação".

Comentei que ela estava passando por um novo momento de mudanças e que, pelos seus relatos, esse é justamente o tipo de realidade que mais a motiva. Por que, então, agora ela estava desanimada e deprimida com as mudanças que estavam acontecendo em sua vida?

Deixei ela com uma boa quantidade de questões para refletir até nosso próximo encontro.

Tales

Quando apresentei os conceitos sobre mudanças, vi a expressão de Tales iluminar. Ele estava aflito por alternativas e as informações que estava recebendo pareciam chegar em um momento bastante oportuno. Em seu primeiro comentário manifestou que o que mais buscava eram mudanças. Não queria uma volta ao passado, mas algo novo, diferente do que experimentou.

Ele absorvia cada conceito com muita intensidade e não tinha problemas em se posicionar em cada um deles. Na verdade, sempre tinha um exemplo pessoal para cada fase da mudança.

Questionei sobre a "inquietude criativa" que tinha no início de sua trajetória, e ele disse que fora "domada pela vida". De forma bastante humilde, assumia cada decisão que tomou e considerava ter aprendido muito com os erros que cometeu. Por isso, entendia que hoje era um profissional mais completo e maduro, e que não deveria mais ser tão inconsequente.

Comentou que quando saiu da agência para empreender, sentia-se o dono do mundo, absolutamente invencível, capaz de fazer o que quisesse, realizar coisas extraordinárias. Se pudesse medir sua autoestima na época, talvez alcançasse o índice máximo.

Sua confiança no seu talento era tanta que, quando apresentava um produto, muitas pessoas aderiam a proposta somente por causa de seu entusiasmo. Seu discurso era muito cativante e estimulante. Ele se sentia o dono da mina de ouro e queria dividir a riqueza com todas as pessoas. No final dessa narrativa, abaixou a cabeça e se criticou em voz baixa – "fui um tolo!".

Esse pequeno comentário me lembrou de um texto que publiquei em um dos meus livros – *Geração Y – uma nova versão de líderes* (Integrare, 2010) – e decidi mostrar para ele:

> Certa vez, em uma palestra para universitários, Steve Jobs, fundador da Apple e da Pixar, empresas mundialmente conhecidas pela capacidade de inovação, citou uma frase em tom de exortação para os futuros profissionais. A frase era uma citação de uma publicação chamada "O catálogo de toda a Terra" ("The Whole Earth Catalog"), de Stewart Brand, publicado entre 1968 e 1972 – e que, atualizando para os nossos dias, era uma espécie de Google analógico. O que foi citado por Steve Jobs dá uma boa indicação do comportamento que hoje é o diferencial dos mais jovens quando estes conseguem

canalizar suas energias em algo que seja sustentável e de valor. Na edição final da publicação lia-se a frase "SEJA FAMINTO, SEJA TOLO".

Ter fome de conhecimento nos direciona a todo tipo de situações e possibilidades. Além disso, por mais incomum que seja a percepção de velocidade que temos atualmente, nunca antes tivemos acesso a tantas ferramentas para realizar nossas explorações. Ser "tolo" poderia ter um significado mais áspero, dando sinais de que deveríamos adotar uma postura menos responsável diante de mudanças, mas prefiro pensar na "tolice" provocada pelo desprendimento de verdades absolutas, convenções e premissas que podem, muitas vezes, estar ultrapassadas.

Ler o trecho do livro deixou Tales um pouco desnorteado. Ele nunca tinha refletido por esse ponto de vista. Disse que achava estranho ser tolo depois do que havia aprendido. Era impossível para ele cometer mais erros, já havia passado da idade, agora só poderia acertar...

Salientei que não era apenas "ser tolo", mas também "ser faminto". Ter paixão pelas coisas que faz. E, pela sua trajetória, ele parecia ter trabalhado assim até pouco tempo, quando era um criativo inquieto na agência e quando desenvolveu caminhos inovadores para o negócio que abraçou. A minha impressão era a de que agora que ele não queria mais "ser tolo", também tinha deixado de "ser faminto".

Quando lhe disse isso, ele ficou em silêncio profundo e não quis mais falar.

Entreguei a ele uma cópia do vídeo com a palestra do Steve Jobs e pedi que ele assistisse antes de nossa próxima sessão.

Vitória

Uma das reações mais intensas foi a de Vitória. Ela afirmou que era justamente disso que falava em seu depoimento. Com gestos e voz alta, dizia que adora mudanças, propõe alterações em tudo, o tempo todo, mas as pessoas são conservadoras e rígidas, dificilmente aceitam o novo. Ela acredita que todos precisam ser mais aventureiros e aproveitar a vida que têm.

Fazendo uso do conceito que apresentei, afirmou que estava sempre na fase do ENVOLVIMENTO e COMPROMETIMENTO com a mudança, qualquer que fosse.

Questionei se isso também acontecia quando ela não sabia se a mudança era para melhor ou quando não entendia todos os impactos que poderiam ter em sua vida. Sua resposta pareceu que havia saído diretamente das páginas de uma revista popular: "A vida é uma risco. Corra o risco de vivê-la".

Sorri em silêncio e voltei à questão, pedindo que fosse um pouco mais clara apresentando uma situação hipotética: Como ela reagiria se o pai negasse os recursos para fazer o sonhado intercâmbio?

Seu rosto ficou sério instantaneamente e ela disse que seu pai jamais faria isso. Já tinham conversado muito e ele prometeu, esse foi o trato. Ele nunca iria romper um acordo, mesmo que tivesse um bom motivo. Eu tive que tentar acalmá-la, pois na sequência ela me questionou, com tom agressivo, se eu estava sabendo de algo ou mesmo se eu tinha combinado algo com ele.

Enquanto eu tentava dizer que não havia qualquer acordo e eu só estava levantando uma hipótese, ela não me ouvia mais, passou a resmungar que era sempre assim, bastava ela se focar em algo, que os pais já partiam para destruir o sonho. Disse que essa não era a primeira vez que prometiam algo e depois descumpriam, por isso que ela não via a hora de mudar para bem longe de sua casa. Fez questão de lembrar de seu plano de ser uma ativista em um navio e só mandar um postal dos lugares onde estivesse.

Interrompi seu desabafo perguntando o porquê de mandar um postal para os pais se é justamente deles e do controle que fazem que ela pretendia se afastar. Completei dizendo: "o envio do postal não é justamente uma forma de controle para eles? Afinal você continuará dando satisfação de sua vida".

Nesse momento, pela primeira vez, não tinha resposta e ficou em silêncio.

Aproveitei e voltei para a simulação da mudança de cenário que tinha proposto e destaquei como ela havia entrado na fase da NEGAÇÃO e em seguida RESISTÊNCIA no momento em que apresentei a possibilidade de uma alteração em seus planos. Ela contestou, dizendo que não era sempre assim, que havia reagido dessa forma porque o meu exemplo foi justamente com algo que era muito importante para ela. Completei sua lógica dizendo que era exatamente por isso que as pessoas negavam e resistiam às mudanças, por sentirem-se ameaçadas naquilo que era importante para elas, ou seja, nossa reação às mudanças está diretamente ligada a como elas irão afetar nossas vidas, nossos interesses e nossas expectativas.

Imaginando como seria nosso primeiro encontro, preparei um questionário com respostas únicas e excludentes, em que propus algumas reflexões sobre o que era importante para ela e para o outros. Anotei cada resposta que dava e depois pedi que ela avaliasse suas respostas.

O resultado apresentava uma pessoa mais focada em seus interesses e menos nos dos outros. Argumentei que isso era bastante conflitante com o discurso de ativista para causas sociais.

Ela abaixou a cabeça e sorriu um pouco constrangida, concordando com minha conclusão.

Entreguei o questionário para que ela refletisse um pouco sobre as respostas que tinha dado e propus uma avaliação de seu perfil psicológico por meio de outro questionário. Dessa vez, ela aceitou prontamente, por isso, sugeri que respondesse em casa, assim poderíamos tratar do assunto numa próxima sessão.

Roberto

A palavra favorita de Roberto durante a apresentação dos conceitos era "depende". Acreditava que nenhuma situação de mudança possa ser generalizada em etapas e fases, cada situação é única, por isso não acredita muito em conceitos. Ele justifica dizendo que sua percepção é totalmente prática: "Tem casos em que a mudança acontece porque tem que acontecer e ponto final". Em sua visão, não se deve dar muito espaço para reflexões, ou perde-se o foco e isso sempre atrapalha o processo.

Acredita que há o momento certo para aderir à mudança e citou como exemplo o uso do celular com internet. Contou que percebeu a euforia das pessoas aflitas em filas enormes para comprar o novo modelo de smartphone, mas nunca se contagiou com esses modismos. Ele espera até a tecnologia se estabelecer, observando os benefícios e as falhas antes de gastar um valor enorme para ser o primeiro a aderir um equipamento que ninguém sabe se irá funcionar. Com essa atitude, ele pode esperar a tecnologia ficar mais madura e comprar por um preço bem menor. Segundo sua tese, "ser pioneiro é gastar o que não tem para adquirir coisas que ainda não precisa".

Questionei se ele não achava que esse comportamento se encaixava justamente nas fases de RESISTÊNCIA e EXPLORAÇÃO apresentadas no conceito. Ele disse que não via assim, que nunca resistia às mudanças, apenas que é estratégico para aderir, buscando mais informações e aguardando o tempo necessário para que a mudança fique madura.

Foi inevitável confrontá-lo com o teor de sua resposta.

"Aguardar o tempo" é uma forma de RESISTÊNCIA e quando "busca informações" está, de fato, EXPLORANDO.

Meu confronto o deixou incomodado, fazendo com que se movimentasse nervosamente e buscasse na mente um contra-argumento. Adotou uma postura de choque dizendo que era apenas um "jogo de palavras", mas que eu tinha entendido o que ele queria dizer. Eu respondi que havia entendido que ele apenas se negava a aceitar um conceito apesar de agir de acordo com ele...

Ele reagiu contrariado por achar que eu estava ironizando sua resposta. Disse que não era nada disso e que o mais importante era o fato de ele sempre agir com estratégia em relação às mudanças. Não importa o nome que ele dá para essa atitude. Decidi apresentar um cenário em que ele pudesse demonstrar sua estratégia.

Sabendo de sua expectativa sobre posições gerenciais, apresentei a ele uma possibilidade de emprego como gerente de distribuição em uma pequena empresa numa cidade do interior, com o salário 30% maior que o atual, além do pagamento de moradia e um automóvel à disposição. Havia uma condição: ele deveria se matricular em um curso superior de Logística que seria pago integralmente pela empresa.

Complementei o cenário dizendo que os donos da empresa já conheciam o trabalho dele, por isso estavam criando uma exceção para encaixá-lo inicialmente como gerente, mesmo sem formação superior. Caso decidisse sair da empresa ou não concluísse o curso, deveria restituir o valor da bolsa de estudos. Ele teria dois dias para sinalizar uma resposta, pois a necessidade da empresa era urgente e havia outros dois candidatos em negociação avançada, mas os donos estavam dando preferência para ele.

Sua reação foi imediata dizendo que jamais aceitaria essa proposta sem antes conhecer a empresa, a seriedade dos donos e, principalmente, os processos de logística. Além disso, argumentou que jamais seria "desleal" com a atual empresa, pois tinha caráter e não iria sair com a fama de irresponsável e interesseiro.

Questionei se não era exatamente o que estava buscando e ele afirmou que sim, mas não dessa forma. Segundo sua avaliação, o correto seria receber o convite e ter mais tempo para avaliar o impacto de todas as questões: "Não dá pra decidir uma mudança dessa magnitude na pressão".

Perguntei se teria uma decisão favorável caso a mesma proposta viesse da atual empresa. Ele disse que ainda assim precisaria de um tempo para pensar.

Mesmo com todos os aspectos resultando em uma grande melhora na vida Roberto, ainda assim sua postura era de NEGAÇÃO. Tive suspeitas de que o seu maior receio estava ligado ao fato de ter de fazer um curso superior, mas precisava saber se ele perceberia isso.

Decidi encerrar o encontro pedindo para ele listar todos os fatores que considerava positivos e negativos nas duas propostas e retornasse no próximo encontro com uma decisão.

Liliane

Não foi muito rápida a reação de Liliane. Depois que apresentei os conceitos, ela ficou um grande tempo em silêncio, olhando algumas vezes para o modelo conceitual, outras para o teto. Deixe que refletisse um pouco e então perguntei o que ela estava pensando.

Inicialmente, disse que gostou muito do modelo, mas depois revelou que sempre fica apavorada com mudanças. Sorrindo, comentou que a primeira reação não deveria ser de NEGAÇÃO, mas, sim, de MEDO.

Sabendo de sua trajetória, em vez de simular uma situação de mudança, preferi usar um fato de sua vida.

Sendo direto, perguntei sobre como havia lidado com as mudanças decorrentes do falecimento de sua avó. Sua resposta foi imediata: "absoluto pânico!"

Contou que foi desesperador quase o tempo todo. Não tinha a menor ideia do que fazer, que decisões tomar e muito menos se estava agindo certo ou não. As mudanças simplesmente atropelavam sua realidade sem que pudesse negar, resistir ou mesmo explorar. As coisas apenas aconteciam, ela querendo ou não. Levou muito tempo até se adaptar à nova situação e começar a tomar decisões mais acertadas.

Acredita que é por isso que entra em pânico quando falam que haverá mudanças. Sente-se muito insegura por não saber lidar com situações novas e isso sempre a incomoda, pois acha que talvez tenha perdido oportunidades por não se arriscar nunca. Citou que até no escritório onde trabalha é difícil assumir uma nova função, porque não se desliga das funções anteriores e acaba se sobrecarregando.

Questionei sobre seu momento atual, afinal acabou de concluir o curso de Direito e agora, além de estar em uma nova função, tem o objetivo de fazer o exame da ordem, ou seja, mais mudanças acontecendo em sua vida.

Ela ficou novamente em silêncio e depois de alguns instantes, começou a chorar, levando um tempo para se reestabelecer.

Quando estava mais calma, disse que já havia adiado a inscrição no exame várias vezes, pois estava apavorada com a ideia de ser uma advogada. Seus chefes estavam questionando e ela se sentia pressionada por saber que eles tinham grandes expectativas. Confessou que chegou a fazer uma carta de demissão para sair antes de "decepcionar" seus chefes, mas também ficou com medo de ter de lidar com um novo emprego. Terminou dizendo: "sou uma covarde!".

Precisei lembrá-la de todas as realizações dos últimos sete anos, questionando se eram fruto de covardia. Ela disse que não, mas sem muita convicção, pois achava que muitas vezes apenas teve sorte.

Disse a ela que sorte não sustenta a trajetória de ninguém, muito menos traz reconhecimento por desempenho e dedicação. Podemos ter sorte em algumas situações, mas apenas se estivermos preparados e merecermos, caso contrário, ela passa por nós e nem nos damos conta.

Ela perguntou se, diante disso, o medo dela era irreal. Eu disse que não, era muito real e presente, mas que ela sempre agiu sem deixar-se dominar por ele e agora estava diante de um novo momento, em que o medo parece grande e ameaçador porque são muitas mudanças juntas.

Seu rosto ficou sereno, mas ainda reflexivo. Optei, então, por encerrar a sessão solicitando que ela listasse quais eram seus temores diante das mudanças atuais. Ela queria começar a contá-los, mas eu a interrompi e pedi que fizesse a lista com calma e trouxesse no próximo encontro.

▲

CAPÍTULO 3
FELICIDADE É ALGO QUE SE REALIZA

A felicidade não está em fazer o que a gente quer mas em querer o que a gente faz.

AUTORIA DESCONHECIDA

SEGUNDA SESSÃO
Aspirações e experiências

A crença do "ser feliz"

SERÁ POSSÍVEL REALMENTE SER feliz trabalhando? Esse parece o sonho utópico de todo profissional e talvez o principal motivo de tanta rotatividade nos empregos atuais, principalmente por parte dos mais jovens, que certamente não querem estar presos na aparente armadilha da infelicidade em que veem os profissionais mais veteranos.

Quando questionado sobre o que uma pessoa normal deveria ser capaz de fazer bem, Freud teria dito: "Lieben und arbeiten" (amar e trabalhar). Na sua crença, a conjunção trabalho e família é o que permite um funcionamento psicológico sadio, vinculando o indivíduo ao sentimento de felicidade.

Trocando impressões sobre esse tema com minha amiga Waleska Farias, consultora de carreira e imagem, ela comentou: "Nesses novos tempos, a condição profissional oferece a possibilidade de transformar sentimentos em realidade e integrar pessoas com objetivos convergentes e crenças concretas para visualizar no trabalho não só um meio de vida, mas também um novo sentido de existência".

Então, por que os profissionais estão cada vez menos motivados com o trabalho que executam? Como construir um sentido que torne satisfatória a trajetória profissional?

Vemos atualmente um quadro de muita ansiedade, intolerância, nervosismo constante e angústia. Isso leva muitos profissionais à infelicidade crônica responsável pelo afastamento e até mesmo pelo desligamento do trabalho em decorrência de quadros depressivos. Alguns fatores surgem como causadores desse estado: salários não condizentes com o volume de trabalho, pressão constante, pouco desafio e falta de mentoria estão entre as queixas mais frequentes.

É impressionante como a frustração e a indecisão se tornaram comuns e recorrentes na atual geração de jovens profissionais. São poucos os que se sentem felizes e plenos com o caminho profissional traçado. A grande maioria está confusa, desapontada, cheia de perguntas e longe de encontrar respostas. E mais do que faltar respostas, faltam objetivos, faltam propósitos, faltam metas, falta felicidade.

Hoje vejo pessoas se preparando muito e executando pouco. Vejo pessoas mais cumprindo papel do que fazendo o que realmente gostam e escolheram. Vejo corpos físicos presentes em reuniões, mas almas distantes e frustradas. E isso tem de gerar um impulso por mudança, um impulso para buscar a felicidade.

Considerando que a felicidade é relativa à percepção de cada um do que lhe cabe como medida, as pessoas precisam saber quem são para descobrirem o que de fato querem, fazendo uma relação custo-benefício que as aproxime das suas próprias intenções e de seus propósitos.

Intuição – sonho ou pesadelo?

INTUIÇÃO É UMA FORMA de conhecimento intrínseca a todas as pessoas, mesmo que grande parte delas não saiba utilizá--la de modo eficiente. É considerada pela psicologia como uma forma inconsciente e inconstante de se chegar a conclusões sobre algo. Blaise Pascal, matemático e filósofo do século XVII, acreditava que a capacidade de intuir decorria da habilidade de nossas mentes de fazer várias coisas ao mesmo tempo e defendia que nossas escolhas conscientes dependem de processos inconscientes.

A intuição também é definida como a capacidade de pressentir, discernir ou perceber algo, dispensando qualquer raciocínio ou análise. O processo que nos leva a tirar conclusões, neste caso, é inconsciente, o que leva muitas pessoas a associarem a intuição a atividades sobrenaturais ou místicas. E, de fato, em diversas situações, a intuição leva o indivíduo a acreditar com determinação que algo poderá acontecer e isso pode ser responsável pela elaboração de hipóteses que posteriormente poderão ser comprovadas ou não.

Para nos posicionarmos em nossa própria realidade, julgamos constantemente as coisas boas e as coisas ruins que nos afetam diretamente e fazemos escolhas a partir do que acreditamos que será um evento futuro. É nesse momento que, muitas vezes, a intuição se confunde com o que é conhecido como DESTINO – um conceito polêmico e geralmente entendido como uma sequência inevitável e predeterminada de acontecimentos regidos por uma força superior da qual ninguém pode fugir.

Se considerarmos apenas assim, não é difícil concluir que a nossa realidade é o resultados de eventos predeterminados e que só nos cabe julgar se foi SORTE, quando nos afetou de forma positiva, ou AZAR, se o resultado foi ruim para nossa vida. Entretanto, não é apenas assim que agimos, felizmente!

Figura 3 · Modelo intuitivo – sorte e azar

Para equilibrar a realidade, utilizamos também a nossa imaginação que, quando bem trabalhada, pode interferir nos acontecimentos que ainda irão ocorrer em nossa vida. Ao fazermos nossas escolhas, projetamos cenários e possibilidades, buscando não depender do "destino" e atribuir um significado maior ao nosso livre-arbítrio. Nesse momento, consideramos duas hipóteses distintas e opostas:

- **SONHO.** Onde projetamos e concebemos como realidade todas as experiências que gostaríamos de ter na vida, incluindo posse de bens, relacionamentos, comportamentos e vivências.

   Para elaborar os sonhos, olhamos todos os eventos que julgamos serem únicos e raros. Aqueles que são capazes de trazer um grau de satisfação inigualável e que tenham a capacidade de se perpetuarem em nossa memória infinitamente.

   Sempre que estamos com foco nos sonhos, fazemos escolhas que nos aproximam dessas possibilidades.

- **PESADELO.** Onde visualizamos e rejeitamos como realidade todas as experiências que não gostaríamos de passar na vida.

  Nesse caso, somos, muitas vezes, bastante criativos em imaginar cenários terríveis. Algumas pessoas gostam de criar referências para essas possibilidades negativas, acumulando informações em noticiários especializados em mostrar as tragédias da sociedade.

  Quase sempre, ao imaginarmos pesadelos, consideramos possíveis realidades com as quais acreditamos que não saberemos lidar, por isso as rejeitamos com todas as nossas energias e fazemos escolhas que nos afastem dessas possibilidades.

Figura 4 · Modelo intuitivo – sonho e pesadelo

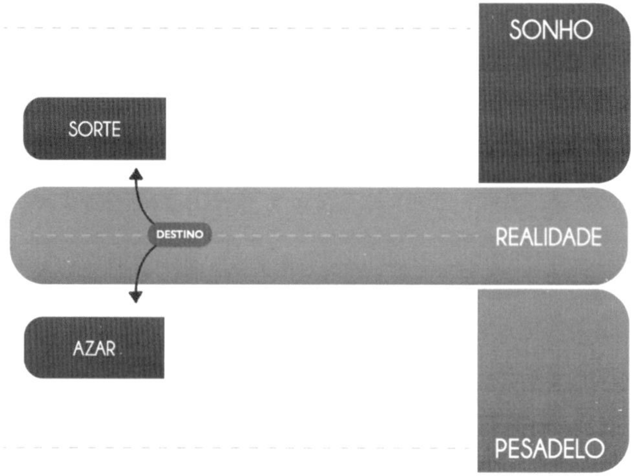

É interessante que, mesmo nesse processo de sonhar com o futuro cheio de experiências positivas, estabelecemos algumas condições. Não queremos necessariamente realizar todos os nossos sonhos. Na verdade, queremos, intimamente, que muitos deles permaneçam apenas como estão, pois sabemos que é melhor que fiquem assim. Parece estranho, mas tem uma lógica.

Isso acontece porque estabelecemos prioridades nos sonhos. Damos a cada um deles diferentes graus de importância e relevância. Estabelecemos essa "ordem" para organizarmos em qual dos sonhos de fato queremos despender nossas forças e recursos. Assim, fazemos nossas escolhas.

Uma forma bastante simples de identificar isso é imaginar um sonho pessoal que necessite de um recurso financeiro espetacular para ser realizado, por exemplo, ter um carro esportivo milionário. Você pode visualizar esse carro quando o vê de perto, pode até imaginar as sensações de dirigi-lo e sonhar com a possibilidade de tê-lo, mas certamente, se você tivesse acabado de receber o dinheiro suficiente para adquiri-lo, não o faria. Provavelmente iria realizar outros sonhos que já tinham prioridade. Não que você não quisesse ter o carro, mas você teria outros sonhos que poderiam ser realizados com o dinheiro e os escolheria em detrimento do carro.

Chamo os sonhos prioritários de DESEJOS. Eles estão na mesma categoria, mas recebem um pouco mais do que apenas a imaginação. Os DESEJOS são aqueles sonhos que escolhemos realizar de alguma forma. Imaginamos o fato, mobilizamos nossas energias, dedicamos tempo e dinheiro. Nos motivamos para alcançá--los e somos até capazes de deixar de usufruir de conforto e prazer por eles.

Com o sonho imaginário não gastamos nada além do pensamento, mas, no desejo, investimos para que ele se realize e sempre pagamos um preço. O principal é ter de lidar com as FRUSTRAÇÕES que ocorrem todas as vezes que decidimos transformar um sonho em desejo. Enquanto um sonho é só um pensamento, não sofremos com o fato de ele não se realizar, contudo, quando começamos a desejar e gastamos nossa energia vital, sabemos que iremos sentir algo ruim caso não aconteça o que projetamos.

É, porém, muito interessante que a própria frustração possa ser uma grande aliada na realização dos desejos. No entanto, para isso, é necessário um grande esforço pessoal e observação das próprias expectativas com maturidade. Isso só acontece quando avaliamos positivamente o motivo da não realização do desejo e, estrategicamente, realinhamos o mesmo, seja alterando as nossas expectativas diante da nova realidade, ou mesmo modificando o desejo, colocando-o mais próximo da realidade. Quando fazemos isso, ampliamos ainda mais o valor do desejo, tornando mais significativa a sua realização.

FIGURA 5 · MODELO INTUITIVO – DESEJO E FRUSTRAÇÃO

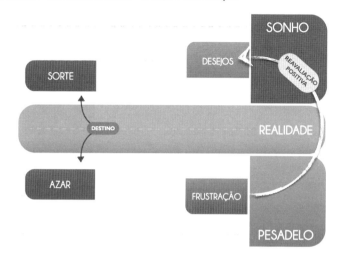

É evidente que nem sempre conseguimos agir dessa forma. Na maioria das vezes, buscamos uma compensação para as frustrações, pois não queremos lidar com o fato de termos dedicado alguma energia ou recurso para algo que, em princípio, foi inútil, já que não deu certo. O interessante é que, inevitavelmente, iremos buscar essa compensação em alguma forma de satisfação pessoal, ou seja, sempre por meio de alguma forma de PRAZER. Não estou falando apenas do prazer sexual, mas de toda e qualquer forma de prazer que nos traga satisfação ou sensação de recompensa.

Observe que, em nossas vidas, diversas coisas atendem a esse conceito, seja de caráter físico ou emocional. Há aqueles que adoram doces, principalmente chocolate, outros que têm prazer em fazer exercícios físicos, alguns amam assistir a filmes, outros têm enorme satisfação comendo ou bebendo. Enfim, todos nós temos diversos "centros de prazer" em nossas vidas. E isso é normal, não há nada de errado em sentir prazer.

Contudo, é importante observar que, quando estamos com alguma frustração, eventualmente compensamos isso aumentando a intensidade em algum centro de prazer.

Assim, não é difícil ver uma pessoa frustrada se entupindo de chocolates e doces, ou um ciclista que anda trinta minutos por dia passar cinco horas em sua bicicleta após uma notícia ruim, ou ainda, alguém buscar alívio numa bebedeira inconsequente depois que não teve um desejo realizado.

FIGURA 6 · MODELO INTUITIVO – PRAZER E COMPENSAÇÃO

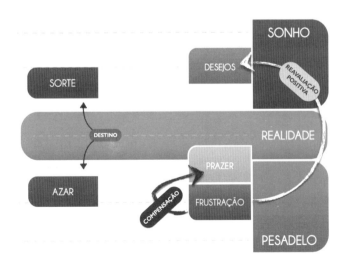

Fazemos isso para equilibrar a sensação de realidade positiva e negativa. Não gostamos de viver de maneira negativa, portanto, tomamos a decisão de compensar, de alguma forma, toda e qualquer circunstância que consideramos ruim para nós. E estar frustrado com qualquer coisa é definitivamente desconfortável, por isso, sentimo-nos tentados a fazer algo com isso.

Foco nas realizações

LIDAR COM FRUSTRAÇÕES É um exercício de autodesenvolvimento fundamental nos dias atuais. Temos estabelecido expectativas cada vez maiores, ampliando a percepção de que desejar dói.

Quando pensamos nessa dor, de alguma forma nos esquecemos de que a satisfação resultante da REALIZAÇÃO é muito intensa e duradoura, sendo capaz de suprimir toda e qualquer sensação negativa que tenha acontecido na trajetória.

Só que toda realização cobra um preço que, muitas vezes, consideramos alto, e cedemos à TENTAÇÃO de buscar um prazer compensatório. Como sabemos, ele confere um tipo de satisfação, ainda que de caráter temporário, que termina no momento exato em que se acaba o evento que traz o prazer. Por isso que muitas vezes nos entregamos ao exagero e à repetição da ação que dá prazer; não queremos que a satisfação acabe.

Um efeito colateral que essa atitude traz é, quase sempre, ter que lidar com uma frustração ainda maior logo que os efeitos do evento que trouxe o prazer terminam. Isso ocorre porque também temos que lidar com as consequências do ato. Lembra-se da ressaca resultante de uma bebedeira ou das calorias adicionais depois de comer inúmeros chocolates?

Somos, portanto, desafiados a fazer ESCOLHAS estratégicas quando queremos realizar nossos desejos.

Para conseguir manter-se focado na realização, é preciso muita motivação, muita energia. Semelhante àquela que dispensamos quando estamos apaixonados.

Olhar os sonhos e desejos com PAIXÃO é como transferir toda a energia positiva que possui para realizá-los. Quando

FIGURA 7 · MODELO INTUITIVO – REALIZAÇÕES E ESCOLHAS

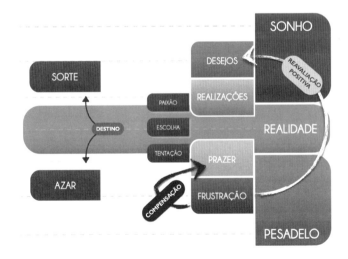

isso acontece, descobrimos uma força que nos torna determinados e persistentes, suportando todos os obstáculos e frustrações naturais em qualquer trajetória de sucesso.

Muitas vezes, quem nos olha nesse momento, vê claramente nosso brilho nos olhos ao falarmos do desejo. Defendemos a ideia, apresentamos os benefícios e, principalmente, mostramos como estaremos felizes quando a realização acontecer.

Nessa altura da reflexão, já dá para concluir que o DESTINO tem uma importância pequena e que podemos substituí-lo por uma linha do tempo, onde podemos observar os altos e baixos em nossa vida.

Desejamos ter algumas experiências e muitas vezes nos frustramos. Temos satisfação alcançada pelas nossas

FIGURA 8 · MODELO INTUITIVO – LINHA DO TEMPO

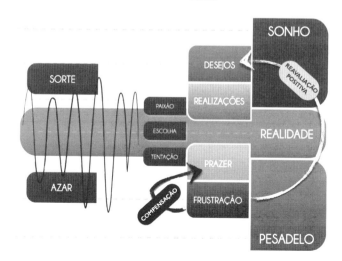

conquistas e realizações, ou, outras vezes, porque buscamos os momentos de prazer, seja para compensar uma frustração ou não.

Avaliar o modelo dessa forma pode nos dar algum conforto, por parecer que tudo faz parte da vida, ou seja, temos momentos bons e ruins, dependendo do que nos acontece. Algumas vezes fazemos bobagens e pagamos por isso, outras vezes, nos dedicamos e conquistamos algumas coisas.

Adotar esse tipo de conclusão é muito perigoso, pois nos leva a uma condição de comodidade imobilizadora: deixamos de ser protagonistas de nossas próprias vidas. Passamos a considerar que a vida é dessa forma e "vamos levando", contando com a SORTE e o AZAR de cada dia. Com o tempo deixamos de SONHAR ou apenas sonhamos com coisas absolutamente intangíveis e irreais, como ganhar na loteria no prêmio de final de ano.

Vamos perdendo, assim, o propósito de vida, pois deixamos de buscar os significados em nossas REALIZAÇÕES. Vamos agindo como de forma automatizada, como gado. Seguimos as modas e as tendências de acordo com nossas possibilidades, consumindo qualquer coisa que possa nos satisfazer, mesmo que momentaneamente.

Seguimos reclamando quando a SORTE "não nos sorri" e também reclamando quando "damos AZAR". Nos tornamos pessoas amarguradas e insatisfeitas, verdadeiros reclamadores da nossa realidade.

Durante nossa trajetória de vida, podemos fazer escolhas que nos posicionam em duas categorias de pessoas: os FRUSTRADOS e os REALIZADOS.

Figura 9 · Modelo intuitivo – foco nas frustrações

FRUSTRADOS

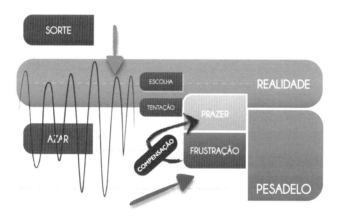

- **FRUSTRADOS.** Quando a realidade do indivíduo o faz acreditar que ele é destinado a sofrer, vem o sentimento de frustração. A pessoa começa a conduzir sua vida focada em satisfações imediatas, estabelecendo expectativas irreais, pois não está disposta a dedicar muita energia para suas realizações.

  Muitas vezes, se vê como alguém que só tem AZAR. Vive frustrado e triste. Quase sempre se expressa de forma negativa diante de qualquer possibilidade.

Algumas pessoas ficam muito tempo nesse momento e acabam fazendo dessa situação o seu estilo de vida. Quando isso acontece, elas começam a não mais acreditar em REALIZAÇÕES e deslocam sua motivação – a sua paixão – para satisfações imediatas.

Para não ter de lidar com muitas frustrações, decidem não arriscar-se a DESEJAR e, com o tempo, param de SONHAR.

O que acontece nesses casos é que a linha da vida se desloca para a área do PESADELO, o que transfere uma condição terrível de dependência dos centros de prazer, pois as pessoas têm de lidar com muitas frustrações e possibilidades de acontecimentos ruins. Na maioria dos casos, quando se está nesse momento, parece que só pode contar com a SORTE para mudar sua REALIDADE.

Nos casos mais extremos, é comum visualizar esse perfil em pessoas com elevada dependência química, como alcoólatras e viciados em drogas. Entretanto, isso não é uma situação sem solução. Mesmo para essas pessoas – algumas, inclusive, que chegaram a essa situação por fatores externos e independentes das suas escolhas conscientes – é possível transformar a própria realidade por meio de novos SONHOS e DESEJOS, estabelecidos por um novo propósito de vida. Felizmente, sabemos de inúmeros casos de indivíduos que, após encontrar um propósito, conseguiram encontrar forças pessoais para voltar a sonhar, desejar e realizar.

FIGURA 10 · MODELO INTUITIVO – FOCO NAS REALIZAÇÕES

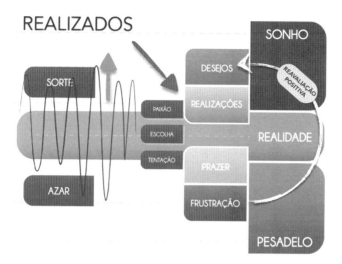

- **REALIZADOS.** Há um outro tipo interessante de pessoa, que parece focar sempre em suas realizações, sejam grandes ou pequenas. Tudo que faz parece dar certo. Ela está sempre animada, mesmo quando as coisas não acontecem como esperava.

  Na maioria das vezes, essas pessoas são focadas e determinadas. Dotadas de uma persistência incomum, estão sempre em busca de seus desejos, porque usam os obstáculos e as frustrações para reavaliarem seus desejos e reconstroem todos os passos diversas vezes, buscando melhorar o próprio desejo e o valor da realização.

  Vemos pessoas assim e imaginamos "ela é sempre sonhadora". Algumas vezes, julgamo-nas como pessoas iludidas e até inocentes, tamanha é a sua confiança mesmo no que não podem controlar. Parece difícil encontrar essa pessoa triste, mas é fato que ela tem as suas frustrações e seus pesadelos, contudo não se agarra a eles. Reavalia cada situação negativa e busca alternativas o tempo todo, pois sabe que se um desejo ainda não aconteceu, é porque não chegou o tempo dele.

Uma característica comum desse tipo de pessoa é celebrar suas realizações, seja com uma cerimônia pública ou em um silencioso grito de "SIM, isso!" dentro de seu peito. Considera que cada desejo realizado é um momento que precisa ter significado e lembrança. Precisa ser marcado com um troféu, um diploma, uma aliança, para que assim alimente a paixão que gerará a energia para outros sonhos, desejos e realizações.

Tomando choque

Daniel

Dessa vez, ele não rejeitou o conceito, na verdade assimilou cada palavra atentamente, em absoluto silêncio. Quando terminei a exposição, foi rápido em dizer "não sou FRUSTRADO, nem REALIZADO, sou apenas um fracassado". Sua incisiva afirmação estava carregada de tristeza. Mantinha a cabeça baixa e manuseava o celular, vasculhando alguma coisa em uma rede social.

Depois de alguns momentos, me mostrou o perfil de uma moça – colega dele na primeira empresa. A página apresentava uma pessoa com diversas postagens, entre elas, algumas viagens, participações em seminários e palestras internacionais, conquistas pessoais como carro novo e apartamento, enfim, uma trajetória bem interessante e de claro sucesso profissional.

Ele disse que se tratava da *trainee* que entrou em seu lugar quando ele foi efetivado. Contou que ela já havia concluído o programa, assumido a vaga que ele deixou quando saiu e que nessa semana fora promovida a gestora da área.

Sua expressão era de raiva de si mesmo. Afirmava que sua ansiedade e sua arrogância fizeram dele um idiota. Era evidente seu profundo arrependimento por haver saído do primeiro emprego. Comentou que sentiu uma dor enorme quando apresentei o modelo completo, principalmente na hora dos FRUSTRADOS.

Até essa sessão, acreditava realmente que sua realidade era resultado de um AZAR que teve. Sua dificuldade em admitir que havia fracassado por causa de suas escolhas era nítida. Contudo, quando viu sumir o SONHO, assumiu intimamente que havia errado feio em sua trajetória. Chegou a admitir que estava com inveja da moça, pois acreditava que aquela poderia ser a sua realidade.

Questionei sobre suas REALIZAÇÕES e ele reagiu de forma rude: "Nunca tive realizações, sou um fracassado total!".

Interrompi sua fala quando percebi que não iria falar sobre suas realizações, mas sobre seus fracassos, talvez até como forma de autopunição. Ele parou de falar quando percebeu que eu fazia algumas anotações. Escrevi em uma folha, algumas realizações que havia em sua trajetória.

a) Concluir uma faculdade e uma especialização.
b) Ser aprovado em uma seleção de mais de 25 mil excelentes candidatos.
c) Passar por um programa de *trainee* que exige desempenho superior.
d) Viver em um país de cultura muito diferente da sua.
e) Empreender em uma área inovadora, onde o risco é muito grande.
f) Dominar quatro idiomas.

Ele leu atentamente minhas anotações e manteve o silêncio por algum tempo. Depois afirmou que não as considerava REALIZAÇÕES, mas, sim, ferramentas que qualquer pessoa que sonha vencer na vida deve ter.

Questionei se havia recebido de presente essas "ferramentas". Ele riu alto e disse: "É óbvio que não! Tive de ralar muito para concluir essas coisas". Quase que emendando sua frase, ele deu um tapa em sua testa e falou em tom debochado para si mesmo: "É por isso, Daniel, que são realizações!".

Ele havia percebido que estava anulando o valor de suas realizações por causa do seu fracasso como empresário e por focar nas realizações dos colegas.

Pedi para que ele listasse outras coisas de sua vida que considerava serem realizações, e também registrasse seus sonhos e desejos usando o que havia aprendido com o modelo, pois esse material seria muito útil para as próximas sessões.

Judith

Enquanto eu apresentava os conceitos, os olhos de Judith se enchiam de lágrimas, até que, ao mostrar o modelo dos FRUSTRADOS, ela desabou e começou a chorar compulsivamente. Precisei dar um bom tempo para tentar retomar a apresentação e, mesmo assim, ela não me deixou concluir, pois afirmava o tempo todo: "Sou eu! Sou exatamente assim!".

Instintivamente questionei: "você é assim ou está assim?".

Entre soluços, disse que era a mesma coisa, mas eu a contestei explicando que uma coisa é "ser" – algo difícil de mudar – outra é "estar" – algo que é temporário. Ela parou de chorar e perguntou se eu achava que sua frustração era temporária.

Afirmei que a FRUSTRAÇÃO só é definitiva se você se agarrar a ela, renovando a dor com lembranças ou compensando a tristeza com PRAZERES. Se considerar a frustração como algo temporário e fazer uso dela para reavaliar os DESEJOS, essa ação pode ser muito poderosa para ampliar o valor de suas REALIZAÇÕES.

Nesse momento, retomei a apresentação do modelo e questionei como ela avaliava a realização dos seus SONHOS.

Sua primeira reação foi dizer que não havia realizado nada, pois tudo tinha dado errado. Pedi para escrever os sonhos que já teve em uma folha:

a) Viver um tempo no exterior.
b) Desenvolver-se no idioma inglês.
c) Abrir sua própria agência de turismo.

Apontei para o primeiro e exclamei, ironicamente: "Não realizou nada!".

Ela sorriu pela primeira vez na sessão. Perguntei quais foram os sacrifícios e escolhas que teve de fazer para ir morar na Nova Zelândia.

Ela começou a relatar diversas viagens que deixou de fazer, coisas que deixou de comprar, presentes que não pôde dar, tudo para economizar dinheiro. Lembrou de como precisou planejar cada etapa da viagem, comprando passagens fragmentadas em conexões mirabolantes para reduzir o custo e de como teve de garimpar pousadas e albergues que aceitassem parte do pagamento da hospedagem em troca de serviços domésticos.

Demonstrando orgulho de suas iniciativas, contou como conseguiu se inscrever em uma instituição de ensino na Nova Zelândia usando apenas um tradutor eletrônico. Falou que foi até atrevida de fazer a entrevista on-line da instituição, somente com um inglês básico que aprendeu assistindo a vídeos gratuitos e séries de TV. Sorrindo, ela disse: "Eu até coloquei uma faixa no vídeo para não ler as legendas".

Sorri para ela e perguntei como estava se sentindo ao relatar tudo isso e ela retribuiu com um sorriso, dizendo que estava se sentindo feliz de se lembrar de como foi que tudo aconteceu.

Apontei para os outros dois sonhos e perguntei se ela sabia o que estava faltando para eles se realizarem. Ela sorriu novamente e disse que sim: "faltava me lembrar de que sou eu que realizo meus sonhos!".

Pedi para ela registrar seus sonhos e desejos para não esquecer mais e também para trabalharmos com eles nas próximas sessões.

Tales

Assim que iniciamos nosso encontro ele quis falar um pouco mais sobre o vídeo com a palestra do Steve Jobs. Disse que refletira muito sobre a questão de "ser tolo e ser faminto" e isso o estava incomodando, pois sentia que havia perdido o desejo de ser criativo quando fracassou em sua tentativa de trabalho. Apesar de aceitar a ideia de que precisava ser um pouco tolo para criar, não conseguia se desapegar do sentimento de culpa por haver envolvido tanta gente em sua iniciativa.

Questionei se havia algo que ele pudesse fazer para reparar a situação com as pessoas que envolveu e sua resposta foi negativa. A falência da empresa já havia acontecido e os prejuízos estavam todos registrados, o patrimônio dos proprietários da empresa não foi suficiente para cobrir os débitos e para quem participou do sistema cabia apenas assumir as perdas.

Comentei que recuperar a confiança é realmente um dos maiores desafios que podemos ter em nossa vida, mas não é impossível. A melhor forma de fazer isso acontecer é avançar com outros projetos e mostrar que aprendeu com o erro que abalou a confiança. Não podemos garantir que fazendo isso todos os relacionamentos irão voltar a ser como antes, mas, certamente, alguns serão recuperados. Se não há como recuperar as perdas, o melhor que se pode fazer é seguir em frente.

Depois desses comentários, decidi apresentar o modelo da intuição. Observei que, a cada etapa, ele ficava mais concentrado, acenando positivamente com a cabeça, mas sem fazer qualquer comentário. Quando concluí a apresentação, sua reação foi pedir para repetir a explicação. Mesmo estranhando o pedido, fiz o que solicitou.

Depois de me certificar que ele estava atento às minhas explicações, questionei a razão do pedido. Ele comentou que havia entendido corretamente da primeira vez, mas queria ter certeza de que não tinha deixado nenhum aspecto esquecido, pois o modelo o tocara profundamente. Finalizou comentando que não conseguia seguir em frente porque não tinha mais sonhos.

Lembrei-me de uma frase que li:

"Comece onde você está
Use o que você tem
Faça o que você pode
Conte com os verdadeiros amigos
Seja generoso com suas conquistas."

Ele disse que desejava muito fazer novas conquistas para ter a oportunidade de ser generoso. Esse era o seu sonho! Pedi para ele escrever essa frase numa folha. Quando concluiu, peguei a folha de sua mão e com um pincel vermelho, grifei as palavras "NOVAS CONQUISTAS".

Devolvi a folha para ele e pedi para refletir sobre essas palavras e sobre o modelo que apresentei na sessão, detalhando como seria esse sonho e como pretendia ser generoso, trazendo suas conclusões na próxima sessão.

Vitória

Já tinham se passado quase dois anos desde meu último encontro com Vitória. Ela simplesmente deixou de ir às sessões, não entrou mais em contato e nem respondeu as minhas mensagens. Fiquei atento a uma possível rejeição às questões que apresentei em nosso encontro, quando a confrontei com sua incoerência entre o discurso de ativista de causas sociais e seu evidente interesse em causas pessoais. Diante desse cenário, realmente foi uma surpresa receber uma mensagem dela dizendo que gostaria de retomar as sessões.

Quando chegou, me abraçou demoradamente e começou a chorar dizendo que sua vida tinha se transformado totalmente e precisava de ajuda. Suas palavras eram carregadas de tristeza. Soluçando e chorando diversas vezes, ela relatou tudo o que havia acontecido.

Logo depois de nossa última sessão, ela decidiu confrontar o pai para saber se havia alguma intenção de não cumprir o acordo de permitir que ela fizesse o intercâmbio. Sua atitude foi desmedida e agressiva, talvez até tentando resolver outras pendências que acreditava ter ocorrido no passado.

Assim como tinha feito na última sessão, ela não ouvia nada, apenas despejava "suas verdades". Evidentemente, o pai reagiu dizendo que não tinha mudado de ideia, mas que, diante de sua agressividade e estupidez, talvez devesse reconsiderar, pois demonstrava não merecer o privilégio. Eles brigaram e a ruptura só não aconteceu porque a mãe interviu e amenizou o confronto.

Esse episódio, contudo, ampliou um processo de desgaste que estava acontecendo entre os pais de Vitória. As divergências do casal estavam se acumulando há algum tempo, por mudanças de expectativas pessoais e até por discordarem da forma de lidar com a filha. Ambos se acusavam de várias coisas e a comunicação sempre era árida entre eles. Depois de alguns meses, os pais acabaram se separando e Vitória decidiu ficar com a mãe. Seu pai tornou-se uma pessoa distante e não reagia às tentativas de comunicação da filha, porque sua mágoa era grande.

Vendo sua chance de fazer um intercâmbio patrocinado acabar, usou o conflito entre seus pais a seu favor. Decidiu contar para a mãe a chantagem que o pai havia feito antes da separação, de ter de fazer mentoria para ganhar o intercâmbio. Disse que esse era um dos motivos de sua briga com ele e isso talvez tenha motivado a mãe a assumir a "causa" de Vitória, pois ela decidiu patrocinar algumas experiências internacionais para a filha.

Já em sua primeira viagem, Vitória decidiu ir para o Peru, visitar Machu Picchu e iniciar sua aventura como ativista social. Contudo, logo que chegou, perdeu sua carteira com todos os cartões e documentos, inclusive o passaporte. Foi orientada a procurar a embaixada para regularizar sua situação, mas a impetuosidade e rebeldia falaram mais alto e ela simplesmente não deu atenção para isso, continuando sua aventura com um grupo de amigos, muitos deles recém-conhecidos.

Suas movimentações pela cidade eram intensas, visitava todos os tipos de lugares. Todas as experiências eram válidas. Tudo parecia caminhar dentro dos planos, até que aconteceu um grave acidente. Uma noite, voltando tarde de uma balada, já um pouco alcoolizada, insistiu em dirigir o carro e recebeu o apoio dos amigos, ainda mais alcoolizados do que ela.

Seu carro atravessou cruzamentos em alta velocidade, bateu em diversos veículos e só parou quando encontrou o muro de uma casa, onde morava uma senhora bem idosa, que, com o susto do impacto, acabou sofrendo um infarto e morreu.

Com os desdobramentos dos fatos, ela ficou presa por quatro meses em uma delegacia em Lima, pois sua situação se complicou ainda mais com a falta dos documentos. Nem mesmo sua mãe, advogada, conseguiu resolver a situação, que só teve um desfecho favorável quando um advogado peruano, amigo do pai de Vitória, conseguiu reverter a pena para trabalhos assistenciais nas comunidades carentes da cidade.

Ela teve de cumprir a pena por 18 meses e depois foi expulsa do Peru, ficando com esse registro negativo em seu passaporte para sempre.

Quando voltou para casa, os pais haviam mudado completamente a atitude com a filha. Os privilégios haviam acabado e ela deveria cuidar de seu próprio sustento. Na casa da mãe, teria apenas a moradia e a alimentação garantida, todo e qualquer conforto adicional deveria ser conquistado por Vitória, inclusive internet, celular e os estudos.

Nossa sessão foi muito mais demorada e eu fiquei bastante surpreso com os acontecimentos, tanto que decidi apresentar os conceitos de intuição apenas depois de outras duas sessões.

Ela já não era mais a mesma menina que queria "mudar o mundo". Sua atitude havia se transformado e ela buscava um objetivo para sua vida. Pedi que ela registrasse os aspectos positivos que conseguia perceber em tudo o que havia passado nos últimos dois anos e também trazer para uma futura sessão os seus SONHOS e DESEJOS.

Roberto

Como combinado, Roberto trouxe suas reflexões sobre as hipóteses de mudanças que havíamos ensaiado em nossa última sessão, mas ele não quis falar sobre elas. Disse que preferia ouvir os conceitos dessa sessão e só depois falar sobre o que registrou. Sem questionar, apresentei os conceitos e ele ouviu com atenção. Eventualmente acenava com a cabeça, algumas vezes concordando, outras não.

Quando concluí, Roberto pegou suas anotações e rasgou, de modo que eu pudesse ver. Estranhei sua atitude e questionei a razão. Ele imediatamente disse que tudo que havia refletido tinha perdido o sentido diante do conceito que eu estava expondo.

Comentou que considerou as propostas que apresentei na sessão anterior fantasiosas e improváveis, pois pareciam querer apenas testá-lo em seu desejo de ser gerente. Mesmo quando avaliava a possibilidade, não conseguia ver sentindo em ter de fazer um curso superior para ter a posição gerencial. Entendia que essa era uma exigência absurda e que nenhuma empresa deveria impor isso aos seus funcionários, principalmente os mais competentes e leais.

Suas reflexões o fizeram montar um elaborado conjunto de argumentações para provar para mim que conceitos e teorias não refletiam nenhum aspecto da realidade. Contudo, diante do modelo que apresentava DESEJOS e FRUSTRAÇÕES como processos conectados, ou seja, um era eventualmente consequência do outro, ele viu isso ressoar em sua própria vida, desmontando seus argumentos.

De uma forma que ainda não entendia, o modelo fazia sentido para ele. Ele sempre foi muito focado na lógica; tinha orgulho de ser muito racional, pesando os pontos positivos e negativos antes de tomar qualquer decisão. Sua maior preocupação era ser justo e correto em suas escolhas. Jamais deixou ser levado pela emoção. Muitas vezes isso afetava seus relacionamentos, pois diziam que ele era muito duro e direto, mas mesmo esse tipo de comentário era recebido por ele como elogio: realmente, ele gostava das coisas claras, objetivas e diretas, sem enrolação.

Comentou que isso lhe dava um talento especial para tomar decisões rápidas, precisas e sem erros, fazendo com que sempre se destacasse dos demais colegas em sua trajetória profissional. Acredita que chegou onde está justamente por ser exatamente assim, estruturado, racional e objetivo.

Durante sua vida, jamais acreditou em teorias comportamentais que pudessem explicar as atitudes das pessoas. Dava um jeito de escapar de palestras e treinamentos que a empresa promovia, sua justificativa era a rotina que estava sob sua responsabilidade. Afirmava que a produtividade da equipe iria ficar comprometida se ele se ausentasse apenas para falar sobre temas como autoconhecimento, negociação ou conflitos. Para Roberto, isso é parte do trabalho que não se ensina em sala de aula, se aprende com a vida.

Ele evitava ler, a não ser que fosse uma boa biografia de um líder ou empresário de sucesso. A última que havia lido foi justamente a de Steve Jobs, que ele admirava por ser um líder implacável, principalmente quando precisava ser duro com sua equipe.

Aproveitei seu entusiasmo e perguntei se ele via em Jobs alguma outra característica interessante e ele respondeu: "É claro! O cara foi um tremendo visionário".

Questionei o que era ser visionário em sua concepção. Sua explicação era superficial e sem sustentação. Afirmava que era um talento especial que nascia com a pessoa. Alguns têm, por isso são chamados de "gênios", todos os demais não têm e precisam aceitar isso.

Nesse momento, mencionei Walt Disney e perguntei qual era a avaliação que fazia do empresário americano, falecido em 1966. Seus olhos brilharam e ele ficou ainda mais entusiasmado. Comentou que era seu favorito. Lia tudo sobre ele. Já havia lido mais de quatro livros sobre sua vida e a empresa que ele criou. Disse euforicamente que era o maior visionário do século XX, tanto que a empresa dele acabou comprando até uma criada por Steve Jobs – a Pixar Studios.

Perguntei para Roberto se ele conhecia a frase: "Se você pode sonhar, você pode fazer!".

Ele disse que sim, diversas vezes nas redes sociais, mas que era apenas "uma dessas frases bonitinhas que pessoas sem conteúdo gostam de postar". Decidi buscar um livro que tinha exatamente esse título. Ele se surpreendeu. Não imaginava que alguém teria o atrevimento de publicar algo com esse título, e rindo, disse: "só pode ser um desses livros de motivação pessoal". Também ri, mas disse que não era o caso. Acabei lendo a sinopse do livro para ele:

> Em dezembro de 1952, Walt Disney reuniu uma equipe com os profissionais mais talentosos de cada área e lhe deu o nome de Imagineers, uma fusão entre as palavras "imaginação" e "engenharia", em inglês. O desafio dessa nova equipe era reinventar o tradicional parque de diversões e criar um lugar que pudesse se chamar Disneylândia.
>
> Desafio cumprido, e mais de cinco décadas depois, Imagineers de várias áreas da Disney (design, engenharia, informática, arquitetura, editorial, produção) resolveram contar suas experiências de trabalho nesse grupo que inspira e expira criatividade 24 horas por dia.
>
> Este livro foi escrito por 76 Imagineers, entre eles o próprio Walt Disney, para revelar a "fórmula" que transforma um profissional comum em um profissional criativo. E a primeira dica do grupo é: "A fórmula é não ter fórmula".

Segundo os autores, existem dois modos de ser criativo: 1) ouvir todo mundo; 2) não ouvir ninguém. Ambos funcionam. É necessário assumir o risco, fazer as perguntas certas, trabalhar em equipe e jamais subestimar o poder dessa equipe, ter disciplina e destravar o bloqueio da criatividade. Busque o maravilhoso, permita-se sonhar, quebre as regras e brinque sem limites ou preconceitos.

Os Imagineers não apenas sonham grande, mas transformam esses sonhos em realidade. Se você pode sonhar, pode fazer! (*Se você pode sonhar, pode fazer!* Panda Books)

Completei a informação dizendo que a frase que ele desprezava foi dita pelo próprio Walt Disney quando escolheu os pântanos de Orlando, na Florida, para construir o mais famoso de seus parques – o Walt Disney World.

Ele ainda rejeitava o conhecimento teórico, mas havia percebido que suas ideias preconcebidas estavam o afastando de um tipo de conhecimento que poderia ser útil.

Terminamos a sessão com uma questão que não havia sido respondida de forma convincente. Ele rasgou suas anotações por não ter entendido porque o modelo fizera sentido para ele. Seu coração estava querendo mostrar algo, mas ele relutava em sonhar, pois isso não era racional.

Deixei a frase original de Disney em sua mente: "If you can dream it, you can do it!" – Walt Disney

Liliane

Eu estava com grandes expectativas quando Liliane chegou para a sessão, pois ela ficou de trazer uma listas com seus principais temores e imaginei que seria bastante oportuno confrontá-los com o conteúdo do modelo intuitivo.

Para minha surpresa, ela trouxe uma caixa de bombons de chocolate e uma folha com muitas anotações. Ela estava muito feliz por ter percebido que não "era uma covarde". Disse que enquanto escrevia os seus temores, percebeu que, a cada situação descrita, surgia em sua mente um caminho alternativo e os medos ficavam menores.

Refletindo sobre isso, concluiu que foi justamente o que aconteceu em sua trajetória após o falecimento de sua avó. Cada situação de pânico que experimentava fazia com que as melhores ideias surgissem em sua mente e, na maioria das vezes, a única coisa com que realmente tinha de lidar era o tempo que a solução levava para ser implementada. Algumas vezes, era rápido e outras não, por isso que ela sentia os desconfortos do medo.

Fiquei impressionado com a lucidez de suas reflexões, principalmente porque leva-se algum tempo para atingir esse estágio. Certamente, as profundas experiências que teve em sua vida proporcionaram uma aceleração em sua maturidade.

Decidi apresentar o conteúdo previsto para a sessão e novamente ela me surpreendeu, completando meu modelo como se ela já o conhecesse. Foi bastante divertido apresentar as etapas de forma questionadora, onde eu não mostrava as palavras, apenas perguntava o que ela acreditava que deveria ser.

Ao completar o painel do modelo intuitivo, ela estava sorridente por ter acertado praticamente todos os elementos do modelo, contudo ficou surpresa quando avancei na reflexão e apresentei os comportamentos dos FRUSTRADOS e dos REALIZADOS. Gostou da ideia de a vida ter seus altos e baixos. Disse, rindo, que muitas vezes se sentia numa verdadeira montanha-russa, tantas eram as situações diferentes que enfrentava.

Perguntei o que ela achava do modelo, tendo em vista o que me revelou em nosso último encontro – seu medo de ser advogada.

Ela disse que após refletir sobre todos os desafios que havia superado, sentia-se mais tranquila em relação a isso. Era como se começasse a confiar que poderia dar conta do desafio. Sabia que iria enfrentar diversos obstáculos, sendo o exame na ordem um dos principais desafios, já que o processo é bastante difícil. A média anual de aprovados na OAB (Ordens dos Advogados do Brasil) é de menos de 20% dos candidatos.

Mesmo assim, havia tomado uma decisão e quis compartilhá-la – ela se inscrevera para o exame e realizaria a prova em três meses. Disse que já havia adiado por tempo demais. Precisava superar esse obstáculo com seus medos e também com suas conquistas.

Lembrar de todas as suas realizações deu uma motivação especial para Liliane, que agora iria entrar em uma fase decisiva para realização de seus sonhos. Ela comentou que agora "ser advogada" não era mais apenas um SONHO, pois havia decidido também DESEJAR isso, e estava disposta a enfrentar todas as FRUSTRAÇÕES que surgissem no caminho.

Sua determinação era impressionante e eu fiz questão de manifestar meu contentamento, comemorando a decisão abrindo alguns bombons que tinha acabado de ganhar.

▲

CAPÍTULO 4
EU NASCI ASSIM, EU CRESCI ASSIM... SEREI SEMPRE ASSIM?

O saber a gente aprende com os mestres e os livros. A sabedoria, se aprende é com a vida e com os humildes.

CORA CORALINA

TERCEIRA SESSÃO
Autoconhecimento

Quais são meus pontos fortes e fracos?

VOCÊ PODE PENSAR QUE é apenas uma questão clichê, absolutamente batida e desnecessária, formulada por entrevistadores desmotivados ou despreparados. Até porque, parece que tudo o que se consegue com essa questão é extrair do candidato comentários genéricos e sem qualquer valor real. Você já ouviu aquela resposta em que o único ponto fraco "é ser muito perfeccionista"?

Bom, um lado pouco observado que o desgaste com a questão provocou foi o de se avaliar o autoconhecimento como chave para seu sucesso. Se analisarmos em relação às competências organizacionais e às atividades exercidas no trabalho, conhecer-se auxilia muito na busca de sentido e significado para a própria vida. Se você está no lugar certo e quer continuar aprendendo e se desenvolvendo ou se deseja mudar de trabalho ou de área.

Essa situação tem pressionado os jovens a uma constante adaptação de suas escolhas. Suas expectativas são formadas por estímulos intensos e diferentes, o que torna o processo de adaptação difícil. De fato, há uma necessidade de adaptação diante das transformações que os jovens promovem a cada geração. O processo não é simples para ninguém, no entanto acredito que haverá um equilíbrio na medida em que essa geração alcançar posições mais consolidadas, nas quais possa adquirir maior maturidade e experiência.

Observando atentamente o jovem de hoje, podemos encontrar algumas características muito positivas, tais como:

- **Energia.** Ter um elevado estoque de força e habilidades que, se bem direcionado, promove um grande desenvolvimento por meio das experiências.

EU NASCI ASSIM, EU CRESCI ASSIM... SEREI SEMPRE ASSIM?

- **Ousadia.** Fazer questionamentos que possam "quebrar paradigmas" e promover transformações em um mercado muito mais competitivo, no qual as empresas necessitam, como nunca, de inovações.
- **Curiosidade.** Explorar o novo sem receios. Em um mundo cada vez mais dependente de tecnologia, tornou-se comum ver jovens alcançando grande intimidade com os novos equipamentos e processos.

Contudo, é fato que, em um mundo muito mais dinâmico, o jovem também precisa dedicar mais atenção para alguns pontos, pois são neles que encontrará suas fragilidades e limitações. São eles:

- **Escolhas.** É natural ficar inseguro quando é preciso fazer escolhas, afinal somos sempre estimulados a vencer, acertar, ser vitoriosos. Entretanto, o jovem de hoje não foi preparado para derrotas, perdas ou frustrações. Como fazer escolhas significa "perder" alguma coisa, é quase inevitável a tomada de decisões.
- **Foco.** A quantidade de possibilidades e estímulos sedutores que encontramos atualmente faz com que adotemos um comportamento superficial diante de todas as coisas. Sem foco, nossa trajetória segue um ritmo mais lento, inclusive para nossas próprias expectativas.
- **Valores.** Gostamos de alcançar bons resultados e de compartilhá-los com nossos contatos. A armadilha se

instala quando a competitividade destrói os valores e os resultados são alcançados no melhor estilo "custe o que custar".

Além dessas, veremos características individuais que apresentam o melhor e o pior de cada jovem. Cabe a cada um saber explorar suas próprias características, buscando a melhor estratégia para o seu desenvolvimento.

Você se conhece realmente?

GOSTO DE PENSAR QUE quando ultrapassamos a adolescência e chegamos à juventude, já temos uma ideia de nossos talentos, nossas facilidades e nossas virtudes, assim como já conhecemos muito de nossas limitações e fraquezas. Esse conhecimento, porém, é apenas uma pequena parte de tudo o que realmente somos. Diante de novas experiências e novos desafios, muito do que temos e está desconhecido surgirá.

Com o propósito de auxiliar no autodesenvolvimento, há diversas ferramentas que se propõem a ajudar o indivíduo a se conhecer. Algumas são mundialmente conhecidas como as Âncoras de Carreira, que pode ser utilizadas gratuitamente no site da Universidade Federal de Santa Catarina pelo link: http://www.psico.ufsc.br/sop2/ancora/pages/inventario.php.

Também há uma ferramenta conceitual, conhecida como Janela de Johari (nome dado pela composição dos prenomes dos seus criadores: Jo[seph] e Hari [Harrington], que auxilia bastante no entendimento das sutilezas dos relacionamentos e permite uma ótima reflexão sobre o próprio comportamento. A janela é representada da seguinte forma:

FIGURA 11 · DESENHO INSPIRADO NO MODELO ORIGINAL CRIADO POR JOSEPH LUFT E HARRINGTON INGHAM EM 1955

Para compreender o modelo de representação é preciso considerar que, quando estamos refletindo sobre nossa existência, estabelecemos quatro pontos fundamentais:

1. **Público.** Há coisas sobre sua vida que são conhecidas por você e pelos outros. São aspectos que permitimos

serem públicos, por exemplo, quando emitimos uma opinião sobre alguma coisa, ou mesmo nossa aparência física ou vestimenta que usamos.

2. **Secreto.** Há coisas sobre sua vida que são conhecidas por você e desconhecidas para os outros. São aspectos de nossas vidas que mantemos guardados em segredo e somente revelamos em circunstâncias específicas, como senhas bancárias, ou mesmo alguma informação ou crítica que não sejam oportunas ou estratégicas de se revelar.

3. **Cego.** Há, também, coisas sobre sua vida que você desconhece, mas são conhecidas pelos outros. Você desconhece porque não consegue perceber determinados aspectos. Eles estão no seu ponto CEGO. Sua voz, por exemplo: você nunca irá ouvi-la como os outros ouvem. Ou algum comportamento involuntário que você tem, alguma mania ou vício (como falar "né" dezenas de vezes em apresentações públicas). Esse é o ponto principal para o autoconhecimento, pois é exatamente onde há oportunidades de *feedback*.

4. **Desconhecido.** Fechando a janela, há coisas sobre sua vida que não são conhecidas por ninguém; nem por você, nem pelos outros. São aspectos ligados a não experimentação, tal como realizar uma experiência radical com paraquedas. Se você nunca saltou, não sabe como reagirá e ninguém sabe. Pode-se até especular uma possibilidade de reação, mas ela é verdadeiramente desconhecida até que aconteça.

Apesar de não existir no modelo original proposto, decidi incluir um novo ponto fundamental que é o PRIVADO. Ele liga o PÚBLICO e o SECRETO, estabelecendo uma linha de controle parcial sobre o que sabemos sobre nós e o que achamos que os outros sabem.

Para validar a atualidade desse ponto, é preciso considerar que hoje há informações pessoais publicadas em redes sociais. Além disso, não se pode ignorar as milhões de câmeras de monitoramento espalhadas por todo o mundo que captam vários aspectos de nossas vidas, com ou sem o nosso consentimento, apenas com uma frase desgastada – SORRIA, VOCÊ ESTÁ SENDO FILMADO.

Reconhecendo facilidades e limites

Daniel

Era a primeira vez que Daniel chegava sorrindo à sessão. Estava muito animado e me cumprimentou dizendo: "Tenho novidades incríveis". Eu havia reservado essa sessão para realizar a devolutiva de um questionário que ele tinha respondido on-line, mas preferi aproveitar sua euforia para ouvir os acontecimentos.

Havia mais de dois meses que ele não aparecia para as sessões, diversos desencontros em nossas agendas contribuíram para isso, mas creio que tudo tenha sido providencial.

Nesse tempo, várias coisas surgiram na vida de Daniel, alterando completamente a sua percepção da realidade.

Contou que depois de nossa última sessão, muitas coisas ficaram martelando em sua cabeça, principalmente o fato de ele ter realizações e não fazer nada sobre isso por um ano, dedicando-se apenas a tentar arrumar um emprego igual ao que havia desprezado.

Decidiu que já havia passado a hora de ser um desempregado vivendo às custas dos pais. Olhou a lista de realizações e escolheu o último item – dominar quatro idiomas – para começar uma nova trajetória.

Lembrou-se de como foi complicado encontrar auxílio para estudar mandarim, quando precisou se aventurar na China. Passou a ler em revistas de negócios tudo o que acontecia com aquele país e quais as ligações com empresas do Brasil. Procurou contatos na Câmara de Comércio da China e descobriu a oportunidade de auxiliar profissionais e empresários que estavam se movimentando pelo Brasil. Fez um acordo para ocupar uma vaga de assistente na própria Câmara de Comércio, auxiliando profissionais chineses a se adaptarem aos costumes brasileiros, servindo, muitas vezes, de intérprete em almoços e reuniões de empresários.

Mesmo ganhando relativamente pouco, estava contente de ter voltado a trabalhar. Participar das reuniões com os profissionais chineses o motivava, pois ele conseguia sentir novamente as emoções de seu tempo de *trainee*.

Ser um assistente agora não o incomodava. Disse que, alguns meses atrás, ele jamais aceitaria uma posição como essa, porque já havia alcançado "níveis mais elevados" e não queria passar por nenhum tipo de retrocesso.

Questionei o que havia mudado dentro dele e sua resposta foi "nosso último encontro". Pedi para detalhar um pouco mais.

Ele falou sobre sua arrogância e sua teimosia em aceitar os fatos. Comentou que tinha feito escolhas, mas que estava culpando tudo e todos pelos fracassos. Quando mostrei, na última sessão, que com essa atitude ele estava desprezando suas realizações e vivendo uma vida de frustrações, sentiu como que um mundo desabando em sua cabeça, pois sabia que fazia todo sentido.

Chegando em sua casa, conversou com seus pais e contou que queria mudar o seu rumo. Pediu para eles um pouco mais de paciência e também conselhos. Ficou surpreso com uma colocação de seu pai dizendo que ele era um "bebê chorão muito desligado", tinha tudo para ser um grande profissional, mas não percebia isso, ficava apenas se lamentando pelos cantos da casa.

Ele já tinha ouvido seu pai falar coisas assim, mas nunca levou a sério por achar que eram críticas de quem não sabia nada sobre o mundo moderno. Seu pai já estava aposentado da profissão de engenheiro civil que exerceu por mais de 38 anos em uma grande construtora.

Atualmente era, segundo suas palavras, "apenas um corretor de imóveis", função que Daniel considerava humilhante para alguém com tanto conhecimento e experiência. Havia prometido a si mesmo que chegaria a uma posição muito maior, assim teria uma aposentadoria tranquila e sem a necessidade de trabalhar, como via seu pai fazendo diariamente.

Em sua conversa, falou de sua meta e, novamente, foi surpreendido, pois seu pai disse que humilhante é viver sem trabalhar, dependendo dos outros. Para o pai, trabalhar depois de aposentado era um privilégio que tinha por usufruir de uma boa saúde. Jamais deixaria de trabalhar, poderia até reduzir o ritmo, mas nunca iria parar totalmente, porque isso tiraria dele a oportunidade de continuar realizando coisas. Foi quando Daniel lembrou de nosso encontro e começou a fazer suas conexões. Algo estava acontecendo em sua mente.

O pai contou que depois de tantos anos trabalhando em construção, aprendeu muito sobre os desejos das pessoas quando buscavam seus imóveis. Ser corretor foi uma opção natural, pois queria continuar usando esse conhecimento e experiência aconselhando os compradores. Contou, inclusive, que muitas vezes ganhava um dinheiro extra gerenciando pequenas reformas nos imóveis que vendia, resultado desses conselhos. Dessa forma, ele continua atuando no ramo que sempre gostou, mas sem os desgastes que, em sua idade, não queria mais suportar.

Daniel disse que nunca havia conversado assim com seu pai. Sempre o viu como um trabalhador exemplar, mas infeliz por trabalhar tanto. Perguntando o que não estava percebendo e como poderia voltar ao trabalho, recebeu do pai o conselho de procurar a Câmara de Comércio da China e tudo começou a mudar.

Entendeu que seu pai era, na verdade, um grande batalhador e, pela primeira vez, começou a vê-lo como um conselheiro.

Fiquei muito contente com seu relato e caminhamos um pouco mais com a sessão, fazendo a devolutiva do questionário de perfil psicológico que apresentava, em destaque, sua forma de agir de maneira PRÁTICA, ANALÍTICA e ADAPTÁVEL, suas maiores facilidades. O relatório também apontava algumas de suas limitações, o que chamou sua atenção, pois faziam bastante ressonância com sua trajetória.

Alguns de seus limites eram ligados a suas atitudes sob pressão:

1. Tornar-se teimoso até o ponto de perder a razão.
2. Ser hipersensível a "suspeitos" desprezos.
3. Considerar as críticas de forma muito pessoal.

Ele refletiu um pouco e pediu para ler o relatório novamente. Falei para ele ler diversas vezes, inclusive com seu pai. Nas próximas sessões iríamos conversar um pouco mais sobre suas características.

Judith

Quando chegou, ela trazia uma pasta com diversas fotos retiradas de revistas. Pediu para acessar os álbuns em sua página na rede social e antes que eu pudesse falar qualquer coisa, comecei a ver uma série de fotos de lugares exóticos, um mais bonito que o outro. Cachoeiras, lagos, parques, ruas movimentadas, parecia um documentário sobre turismo. Ela mostrava as fotos e falava sobre o lugar e as pessoas, os costumes e a cultura, as comidas típicas e as possibilidades para quem viajava para esses lugares. Estava muito empolgada.

Disse que tinha voltado a sonhar.

Desde o nosso último encontro, a ideia de voltar para o ramo do turismo não saiu mais de sua cabeça. Assim como aconteceu quando estava se preparando para ir para a Nova Zelândia, ela começou a organizar sua vida.

Procurou a agência de turismo onde havia trabalhado e pediu para retornar para o antigo emprego. Os seus ex-patrões gostaram tanto da ideia que a admitiram na mesma função que exercia antes, inclusive com o mesmo salário, o que já representou um bom aumento em seus ganhos.

Tudo acontecia muito rápido e a euforia dela era contagiante. Judith imprimiu o modelo intuitivo que eu havia apresentado na última sessão e cobriu as palavras AZAR e PESADELO. Disse que, a partir de agora, ela iria sonhar mais e realizar muitas coisas, inclusive ter sua própria agência de turismo.

Mostrei o conteúdo da sessão e descrevi as características apontadas no seu relatório de perfil psicológico:

Pessoas como ela são amistosas, extrovertidas, brincalhonas e agradáveis, são atraídas naturalmente para outras pessoas. Gostam de trabalhar em grupos também dinâmicos e animados, e adoram oferecer alternativas sensatas. Suas principais descrições são: ADAPTÁVEL, ENTUSIÁSTICO, DIVERTIDO e SOCIÁVEL.

Ela ouviu atentamente e quis saber mais, pois entendia que essas descrições eram ótimas para uma agente de turismo, visto que nessa profissão é preciso lidar com pessoas, buscando sempre elementos que possam animá-las em busca de novas experiências.

Concordei com suas conclusões e apresentei outras características de pessoas com o seu perfil. Tudo indicava que ela estava finalmente caminhando na direção que buscava.

Mesmo diante de tanto entusiasmo, precisei lembrá-la de que devia manter a atenção constante, pois ela já havia passado por esse tipo de experiência antes e os desdobramentos a levaram a fazer algumas escolhas equivocadas. Ela ficou com o rosto sério e, entendendo que eu falava sobre seu retorno da Nova Zelândia, questionou por que isso havia acontecido. Por que ela havia perdido o sonho?

Utilizei o relatório para mostrar algumas peculiaridades de seu perfil, destacando dificuldades eventuais que ela poderia ter, tais como:

1. Gastar muito tempo socializando e negligenciar tarefas.
2. Começar a fazer coisas sem refletir sobre seus desdobramentos.
3. Não concluir o que começou.
4. Ficar presa em círculos, repassando os mesmos detalhes.
5. Ver o futuro de forma negativa.

Ela analisou cada ponto que eu apresentei e concordou com todos. Inclusive lembrou-se de muitos detalhes de sua trajetória com o antigo namorado, que sempre reclamava por ela ser tão pessimista e abandonar as coisas sem nenhuma razão. Disse que quando ele falava isso, sentia-se ofendida, pois acreditava que estava sendo apenas realista.

Concluiu que esse foi o motivo de ela ter parado de sonhar, estava sendo muito realista e esquecendo de realizar o que havia planejado.

Entreguei o relatório e pedi que lesse diversas vezes, anotando suas dúvidas. Recomendei que compartilhasse com seus pais, assim teria oportunidade de receber informações de seus eventuais pontos CEGOS e cuidar melhor de suas limitações.

Tales

Passaram-se mais de três meses desde a última vez que encontrei Tales. Ele havia fechado um trabalho numa cidade do interior e precisou se dedicar intensamente, pois era uma grana importante. Nesse tempo, manteve contato por meio das rede sociais, algumas vezes, falando sobre o projeto, outras sobre suas reflexões. Dizia estar buscando forças para se aventurar em novas conquistas, mas que o desafio era muito grande.

Apresentei o conteúdo da sessão e mostrei o relatório com seu perfil psicológico. Pedi para que desse uma boa lida e marcasse os pontos que chamavam sua atenção. Ele destacou as partes que mais gostou e disse refletir exatamente sua personalidade:

1. Procura interagir em nível intelectual em vez de emocional.
2. Gosta de lidar com problemas e sistemas complexos.
3. Prefere trabalhar sozinho e com autonomia.

Também achou correta a descrição do relatório que o apontava como ORIGINAL, ESPONTÂNEO e INDEPENDENTE. Afirmou que essas características eram seu principal instrumento de trabalho, por isso tinha mais sucesso quando trabalhava sozinho, elaborando teorias e tendo ideias para as campanhas publicitárias.

Contou que sempre que estava diante de um desafio, costumava se isolar do mundo. Evitava sair e conversar com outras pessoas. Buscava inspiração em filmes e livros ou mesmo em passeios solitários de bicicleta pelos parques da cidade.

Achei interessante sua autopercepção e questionei se ele fazia essas coisas atualmente. Diante de sua resposta negativa, perguntei qual o motivo. Ele não soube responder. Seu silêncio o incomodava. Olhando para todos os lados, buscava algum motivo.

Comentou que adorava andar de bicicleta, mas fazia bastante tempo que não pedalava ou ia a um parque apenas para refletir. Ele disse que não conseguia entender. Era como se estivesse parado no tempo, em um vácuo de acontecimentos. É como se ele estivesse "à deriva", à espera de vento em um grande oceano.

Os símbolos que utilizava para explicar sua realidade eram sempre espirituosos, por isso, questionei como ele fazia as reflexões atualmente. Ele respondeu que não estava conseguindo refletir. Mantinha-se ocupado o tempo todo, lendo livros, assistindo a filmes ou trabalhando. Contou que ficava horas navegando sem destino nas redes sociais. Pulava de link em link, curtindo postagens de desconhecidos, abrindo páginas de blogs com informações inúteis, comentando matérias polêmicas e fazendo críticas aleatórias em sites de publicidade.

Normalmente, dormia quando estava quase amanhecendo, pois era muito confortável ficar sozinho em seu quarto, tomando energético e navegando pela internet. Disse que era comum fazer "maratona de filmes", passando até 15 horas na frente da televisão.

EU NASCI ASSIM, EU CRESCI ASSIM... SEREI SEMPRE ASSIM?

Sua mãe achava que ele estava deprimido e tentava insistentemente levá-lo ao psiquiatra, mas ele sempre deu um jeito de escapar dessas iniciativas. Algumas vezes até brigou com ela, mas sempre se arrependia e buscava acertar o relacionamento, afinal era a única pessoa que ainda estava lhe dando carinho e acreditando nele.

Sua expressão ao relatar isso era de tristeza, mas certamente estava bastante consciente de seu momento e precisava agir. Destaquei algumas informações de seu perfil apontadas no relatório:

1. Algumas vezes, pode ser muito abstrato; portanto, não realista sobre a persistência necessária.
2. Exagera na intelectualização, tornando-se teórico nas explicações.
3. Sob pressão, tem explosões emocionais descontroladas, algumas vezes atacando as pessoas com raiva, outras acreditando que está sendo discriminado e perseguido.

Pedi para que ele refletisse sobre esses pontos, observando se não estava faltando a ele uma atitude mais focada em passos práticos e concretos para seguir em frente. Comentei que ele deveria analisar as coisas de forma mais simples, não se apegando a pontos de menor importância, pois nesse momento, ele precisava ganhar o apoio e a cooperação de outras pessoas ao invés de se isolar do mundo.

Sugeri que voltasse a circular pelas comunidades que frequentava quando trabalhava na agência de publicidade e, principalmente, voltasse a andar de bicicleta em parques, assim teria seus momentos de solidão, fazendo uma atividade que permitiria a ele "ver pessoas" e refletir sobre novas conquistas.

Tales ficou um pouco cético com minhas recomendações, mas disse que iria tentar. Disse que voltar a frequentar os lugares antigos talvez ainda fosse muito difícil, mas que tentaria retomar suas pedaladas no parque. Fez questão de registrar que não estava prometendo nada, apenas tentaria.

Vitória

Já estávamos no quarto encontro desde que Vitória havia voltado às sessões. Falamos muito sobre os acontecimentos e sobre os aprendizados que teve. Ela tentava olhar as coisas com animação, mas era evidente sua dificuldade em superar todos os efeitos de suas escolhas nos últimos anos.

Desde que voltou, buscava retomar sua vida a partir das coisas que tinha deixado suspensas, mas comentava que era muito difícil encontrar motivação. Buscou informações para dar continuidade a seu curso, mas viu que, além de ter que prestar o vestibular de novo, teria de refazer muitas matérias, pois tinha abandonado a faculdade no último ano. Os antigos amigos se afastaram e isso era um sofrimento adicional ao já complexo cenário em que ela se encontrava.

Perguntei se ela havia procurado a ONG na qual tinha trabalhado e ela disse que não quis nem tentar, porque sua história era conhecida e sabia que eles iriam rejeitar qualquer aproximação. Depois que apresentei o modelo intuitivo, ela disse que nada mais fazia sentido para ela. Algumas vezes, queria acordar e ver que tudo não passou de um PESADELO. Esse era, inclusive, o estado em que ela acreditava se encontrar. Rejeitava a ideia de SONHAR novamente, queria apenas resolver sua vida o mais rápido possível.

Questionei o que seria uma solução rápida para a sua vida e ela descreveu a mesma realidade que tinha antes de tudo acontecer. Fiquei um pouco surpreso com a imaturidade de seu comentário e perguntei o que seria diferente se pudesse ter tudo de volta.

Percebeu que eu estava um pouco cético e complementou dizendo que não se tratava de querer de volta a "vida de princesa", isso já estava fora de questão. Acrescentou ainda que o fato de não saber lidar com os privilégios também teve uma parcela de culpa em tudo que aconteceu.

Disse que os meses que passou fazendo assistência nas comunidades carentes no Peru mostraram o quanto ela era infantil quando dizia querer ser uma ativista social, mas se agarrando a cada privilégio que tinha como um direito de nascença. Lembrou-se inclusive de como zombou do questionário que havia respondido e que apontava justamente isso.

Surpreso com suas afirmações, voltei a questionar o que exatamente ela queria de volta em sua vida, já que não eram os privilégios.

Ela disse que, se pudesse voltar no tempo, tudo seria diferente, principalmente sua atitude com as pessoas. Teria um pouco mais de paciência com seus pais, ouviria mais as críticas de alguns amigos que ela desprezou por não pensarem como ela, prestaria mais atenção às coisas que tinha e tentaria compartilhar mais seus privilégios.

Perguntei o que a impedia de fazer isso agora e ela, abaixando a cabeça, respondeu que era a sensação de impotência para corrigir os erros do passado.

Sabia que essas cicatrizes eram importantes para a formação de sua personalidade, por isso não tentei nenhum movimento que pudesse minimizar os efeitos de suas reflexões, apenas concordei com ela e mantive a atitude de apoio.

Aproveitei que ela havia respondido ao questionário de avaliação de perfil psicológico e comentei um pouco sobre o relatório e seus resultados. Expliquei que o relatório havia sido elaborado para ajudar a entender as pessoas com base nas oito preferências de personalidade que todos usam em momentos diferentes e que estão divididas da seguinte forma:

Figura 12 · Tabela de referências baseadas nas teorias de Carl Jung e no instrumento MBTI

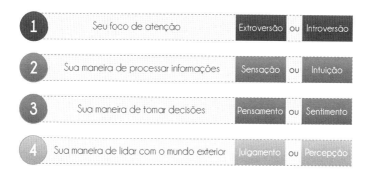

Diante de sua curiosidade sobre as teorias do relatório, expliquei que se tratava de um instrumento chamado MBTI, elaborado por Katharine Briggs e Isabel Briggs Myers com base no trabalho de Carl Jung e sua teoria de tipos psicológicos. Contei que é, atualmente, um dos mais documentados instrumentos de avaliação, com milhares de estudos científicos realizados em todo o mundo durante mais de 50 anos.

Quando entreguei seu relatório, Vitória se concentrou em ler ansiosamente, questionando algumas palavras que desconhecia o significado. Pedi para que destacasse o que mais chamava sua atenção e ela apontou primeiro suas limitações:

1. Pode levar as críticas no nível pessoal e ser excessivamente autocrítica.
2. Precisa reconhecer as limitações das pessoas e evitar lealdade inquestionável.

3. Quando em conflito, pode varrer os problemas para debaixo do tapete.
4. Pode agir de forma dominadora, tomando a frente sem escutar os demais.

Para cada uma dessa descrições, ela conseguia fazer algum tipo de referência, principalmente a última, que associou diretamente à briga com seu pai, ponto inicial de todo seu processo de ruptura com sua antiga realidade. Questionei como estava a relação com seus pais e ela me disse que agora estava mais estável, sem brigas e desgastes. Contudo, ela percebia ainda um pouco de desconfiança neles, apesar de ela ter pedido desculpas centenas de vezes, sabia que somente a retomada de sua vida iria melhorar o relacionamento, pois havia muitas mágoas por coisas ditas e feitas. Concordei com ela dizendo que algumas coisas precisariam de muito tempo para serem resolvidas e que, para isso, deveria fazer uso de suas habilidades naturais, também apontadas no relatório.

Ela ficou surpresa e pediu para mostrar onde estavam registradas. Apontei para algumas partes do relatório que a descreviam como uma pessoa INCENTIVADORA, ENERGÉTICA, LEAL e IDEALISTA, comentando que, se ela utilizar essas características com sabedoria, seu caminho será mais eficiente para o objetivo que busca.

Ela me perguntou como usaria isso com sabedoria, afinal ainda era muito jovem. Nesse momento me lembrei de uma pequena história e encerrei a sessão passando o texto para ela numa folha...

Perguntou o discípulo ao mestre:
– Como nos tornamos sábios?
O mestre respondeu:
– Boas escolhas.
– E como fazemos boas escolhas?
– Experiência – acrescentou o mestre.
– E como adquirimos experiência? – voltou o discípulo.
– Más escolhas – disse o mestre.
(autor desconhecido)

Roberto

Desta vez, algo diferente acontecia na postura de Roberto. Ele estava mais curioso, perguntando quais eram as "surpresas" que eu havia preparado para ele. Imaginando que sua frase era apenas uma de suas ironias a respeito dos modelos e das teorias comportamentais, decidi iniciar a sessão entregando o relatório MBTI com o seu perfil psicológico.

Acomodei-o em uma sala diferente da que normalmente fazíamos nossos encontros, de modo que ele ficasse completamente isolado. Creio que ele esperava alguma apresentação preliminar sobre o que encontraria nas nove páginas que lhe entreguei, mas mantive o silêncio e apenas solicitei que fizesse a leitura com atenção, marcando os pontos que não compreendesse. Disse que poderia ler quantas vezes quisesse, levando o tempo que fosse necessário. Eu tinha reservado um bom tempo para a sessão, pois queria que ele dedicasse um tempo de qualidade na leitura.

Levou trinta minutos para ele retornar a minha sala. Seu rosto era de espanto. Disse ter lido o relatório três vezes e não conseguia acreditar no resultado.

Questionei se ele conseguia validar alguma parte do relatório que apontava sua forma de agir. Sua resposta foi: "Claro, valido completamente. Tudo que está escrito sou eu". Comentou que mesmo as limitações e problemas que percebia em sua atitude estavam registrados. Disse que nunca havia lido nada assim em sua vida e quis conhecer mais características do relatório. Perguntava tudo, queria saber todos os detalhes sobre a origem do MBTI.

Contei que o questionário foi elaborado por duas observadoras astutas do comportamento humano, que trabalharam inspiradas por biografias de grandes personalidades da história e que foram atraídas pelas teorias comportamentais de Carl Jung. Ambas transformaram seu interesse em uma devoção apaixonada, buscando desenvolver uma forma de colocar a teoria do tipo psicológico em um uso prático.

Aproveitei o seu interesse por biografias e contei um pouco mais da história de uma dessas observadoras, Isabel Myers.

No início da Segunda Guerra Mundial, ela reconheceu que desenvolver um instrumento psicológico fundamentado na compreensão e valorização das diferenças humana seria inestimável. Ela pesquisou e desenvolveu o Indicador ao longo de quatro décadas, até sua morte, em 1980. Ela era conhecida por sua grande inteligência e curiosidade tenaz, bem como por um conjunto profundamente arraigado de valores e generosidade de espírito. Ela é lembrada por sua enorme contribuição para o campo de testes psicológicos e à teoria da tipologia, e também por sua força de caráter e sua incansável busca da compreensão humana.

Contar um pouco da história de uma acadêmica surpreendeu Roberto, pois, pela primeira vez, via algum sentido em estudar teorias comportamentais. Vi seu apetite por conhecimento despertar e aproveitei para presenteá-lo com o livro *Ser humano é ser diferente,* de autoria das observadoras. Com o livro, ele poderia explorar outros aspectos do questionário.

Conversamos um pouco sobre as características mais marcantes apontadas em seu relatório, que o apresenta como uma pessoa EFICIENTE, PRÁTICA e ORGANIZADA, e de como isso o torna um excelente gestor de processos e equipes, uma vez que normalmente gosta de trabalhar com outras pessoas para organizar os detalhes e operações com antecedência. Gosta de estruturar processos de forma lógica e racional, assumindo espontaneamente o controle. Com sua objetividade, chega rapidamente ao ponto central de qualquer situação e propõe caminhos que preservam o plano estabelecido.

Enquanto descrevia essas características, percebi o orgulho que tinha do próprio perfil e avancei com os apontamentos, dessa vez na direção de seus limites.

Sua atenção era genuína e ouvia atentamente:

1. Pode decidir muito rapidamente e pressionar os outros a fazerem o mesmo.
2. Pode não ver a necessidade de mudar as coisas que acha que estão funcionando.
3. Pode negligenciar sutilezas interpessoais na realização do trabalho.

Questionei sobre alguns desses limites e de como exercia sua liderança atualmente e ele pediu para refletir um pouco mais antes de falar sobre isso.

Concordei, mas estabeleci uma condição: que junto com suas reflexões, ele reavaliasse seu posicionamento a respeito de conhecimentos teóricos. Ele disse que já estava fazendo isso desde que mostrei a frase de Walt Disney, mas que iria refletir ainda mais e tomar algumas decisões.

Liliane

Dessa vez ela não chegou animada e nem trouxe bombons, na verdade, chegou até um pouco triste, pois na última semana, seu pai, que ela não via há mais de cinco anos, apareceu solicitando sua ajuda.

Depois de vinte anos no mesmo emprego, ele foi demitido, e agora já fazia pouco mais de dois anos que vivia de trabalhos temporários. Teve desgastes no relacionamento com sua companheira por causa da situação financeira e eles romperam. Nesse cenário, ele acabou se deprimindo profundamente, passando a tomar remédios controlados e buscando apoio no álcool e no cigarro. Isso acabou com sua saúde e agora, mesmo que surgisse uma oportunidade, não conseguiria trabalhar, porque estava muito debilitado fisicamente.

Perguntei como havia reagido a tudo isso e ela disse que, acreditando que o pai estava querendo morar com ela, entrou em pânico, pois morava em uma pensão e não tinha como dividir o quarto. Começou a elaborar alternativas para alugar um apartamento, flexibilizar o horário de trabalho e até adiar seu exame na OAB mais uma vez, afinal teria de dar assistência ao pai que estava bastante doente e dificilmente conseguiria tempo para estudar.

Comentou que era uma situação difícil para ela, porque já havia rompido o relacionamento com ele há muito tempo. Desde sua infância o pai esteve ausente. Algumas vezes, aparecia na época das festas de final de ano, mas não por causa dela, mas por causa de sua avó, mãe dele. Disse que não se lembrava de ter recebido nenhuma espécie de presente ou de carinho dele na infância e, quando sua avó faleceu, a única coisa que seu pai fez foi pagar as despesas do velório e dizer para ela se virar, pois já era maior de idade.

Quando o pai apareceu, ela experimentou sentimentos contraditórios, como desprezo e piedade. Disse que não queria resgatar o sofrimento que passou com uma omissão diante da infelicidade de seu pai. Por isso, depois de refletir um pouco, recebeu-o com dignidade, mesmo sabendo que ainda faltava uma parcela de seu carinho, que foi marcado pelas mágoas e ficou perdido em um passado distante.

Concordei que era uma situação bastante triste e complexa, limitei-me a questionar o que exatamente seu pai buscava com a aproximação.

Ela, como disse, ficou em pânico e começou a fazer planos para acomodá-lo à sua realidade, mas ele estava muito consciente de sua situação e queria a ajuda dela para ser internado. Havia alguns processos administrativos e jurídicos que ele não tinha condições, nem competência de resolver. Pelos exames que ele apresentou, Liliane soube que, sem a internação, seu pai poderia desenvolver uma dependência química severa, por isso a situação exigia uma reação rápida.

Perguntei como estava a situação no momento e ela contou que conseguiu interná-lo em uma clínica de tratamento no dia anterior e que ele deveria ficar lá por seis meses.

Quanto aos processos administrativos e jurídicos, na verdade se tratava de liberar um dinheiro bloqueado em uma antiga conta bancária que ele mantinha com sua avó e que não conseguiu sacar antes de seu falecimento.

Ele disse que tinha prometido à avó dividir o valor com a filha, mas com o tempo e com a distância que os separavam, ele não mexeu na conta, pois o valor não era muito grande e talvez não valesse o desgaste nem o esforço. Entretanto, agora que ele não tinha mais dinheiro nem condições de arrumar um emprego, planejava usar parte do valor para pagar seu tratamento e entregar o restante para sua filha.

Questionei se ela havia feito o que ele pediu e ela disse que não. Simplesmente procurou a melhor forma de interná-lo com conforto, dignidade e rapidez.

Comentou que tinha uma reserva financeira que poderia dispor para o pagamento da clínica e que depois resolveria a questão da conta, porque certamente teriam que preparar um inventário para conseguir até mesmo saber a sua situação, afinal ela estava paralisada há mais de sete anos.

Com todo esse relato, preferi adiar a apresentação do conteúdo da sessão, mas entreguei seu relatório com seu perfil psicológico. Pedi que ela o estudasse atentamente e destacasse eventuais dúvidas.

Duas semanas depois, nos encontramos novamente. Ela estava mais serena, pois o seu pai estava se adaptando à vida na clínica. Ela também havia entrado com um processo para fazer o inventário da avó e em algum tempo isso também estaria resolvido.

Decidi conversar sobre o relatório. Ela quis falar sobre algumas características apontadas e começou destacando as limitações:

1. Pode decidir muito rapidamente e parecer impaciente e dominante.
2. Pode ignorar e suprimir seus próprios sentimentos e os dos outros.
3. Pode negligenciar as necessidades das pessoas ao enfocar apenas na tarefa.

Ela disse que o relatório refletia exatamente como era, contudo, não conseguia imaginar que agia dessa forma. Sempre se achou muito focada nas necessidades das pessoas e considerava que, sendo justa e racional, as pessoas envolvidas no que ela fazia teriam suas necessidades atendidas.

Expliquei que nem sempre as pessoas decidem de forma racional, pois há sentimentos que podem comandar as decisões. Ela pediu um exemplo e acabei refletindo sobre como ela agira na questão de seu pai.

Ela respondeu que usou a razão. Disse que tinha que ajudá-lo, afinal era seu pai e ele estava em um momento de profunda crise.

Perguntei se foi assim que ele agiu com ela, quando a situação foi inversa, no velório de sua avó. Ela abaixou a cabeça e disse que tinha entendido. Seu pai agira com a razão dizendo que ela já era adulta e ele não tinha mais obrigações, enquanto ela foi generosa e mesmo sem ter compromisso, ajudou pelo que ele representava.

Sorri e encerrei a sessão.

CAPÍTULO 5
O VALOR DO POTENCIAL

Dizem que o talento cria suas próprias oportunidades, mas, às vezes, parece que a vontade intensa cria não apenas suas próprias oportunidades, como seus próprios talentos.

ERIC HOFFER

QUARTA SESSÃO
Desenvolvendo o talento

Onde está a talentosa Geração Y?

ESTAMOS ASSISTINDO A UMA verdadeira transformação nas relações humanas, provocada principalmente pelos paradoxos e pelas virtudes dessa geração de jovens que começa a dominar a sociedade.

O mundo está ficando menor e mudando rápido. Grande parte dos jovens sente-se totalmente confortável trabalhando com pessoas de qualquer lugar do mundo, sem problemas ou dificuldades com as línguas ou culturas diferentes. Além disso, pessoas de diversas idades estão adotando comportamentos e posturas atribuídas aos jovens da Geração Y. Todos querem estar conectados e ser multitarefas. Candidatos a emprego procuram empresas com processos e horários mais flexíveis, para poderem conciliar suas vidas profissionais e pessoais.

Completando esse cenário, diariamente são publicados artigos que recebem títulos com palavras como "infiéis", "insubordinados" e "impacientes", além de pesquisas mercadológicas que estabelecem padrões de comportamentos dessa geração sem considerar que os modelos de juventude utilizados nas pesquisas estão ultrapassados e já não refletem a realidade. Os jovens de hoje são rotulados como "arrogantes e ansiosos, mas talentosos e rebeldes".

Alguns céticos argumentam que não há nada de novo, que os jovens sempre foram assim e que essa discussão é apenas mais um tema de moda corporativa. Outros argumentam que é uma geração que foi muito mimada e que ouviu poucos "nãos" na vida, por isso, agora precisam ter um choque de realidade.

Nesse cenário dinâmico, tudo ocorre com uma superficialidade inquietante e, assim, encontramos muitos jovens talentosos, mas absolutamente desfocados e perdidos diante de tantas possibilidades de escolhas. Todos sufocados pela intensa cobrança por resultados e sucesso contínuos, adiando suas escolhas e tentando se manter distantes do mundo real, contentando-se em ocupar suas vidas com atividades virtuais, principalmente nas redes sociais.

Muito se fala sobre a capacidade dos jovens em absorver novos conhecimentos e da grande intimidade que possuem com as novas tecnologias, contudo pouco se discute sobre a necessidade de prepará-los para seu futuro papel de líderes.

Os líderes de hoje desenvolveram-se com a missão de otimizar todos os recursos disponíveis, uma vez que eram sempre escassos e alcançados com dificuldade. A frase que caracteriza a atual geração de líderes é: "tome decisões rápidas avaliando sempre o custo-benefício".

O maior legado dessas circunstâncias foi o surgimento de um mundo com muito mais abundância e muitas facilidades, principalmente as promovidas pelos avanços tecnológicos. Certamente existem ainda muitas desigualdades e injustiças na distribuição desses avanços, no entanto, é inegável que o mundo se transforma a cada dia.

Lamentavelmente, a liderança, ou melhor, os líderes que promoveram todos esses avanços, não estão acompanhando o ritmo das mudanças. Na verdade, todos se consideram jovens, independentemente da idade ou da geração. E, sendo assim, todos se sentem isentos da responsabilidade de formar sucessores.

O exercício da liderança não é uma informação que está no Google, por isso, não dá para ser copiada e colada na cabeça dos jovens. Ela precisa ser desenvolvida com muita paciência, disciplina, confiança e coragem. Contudo, enquanto os mais velhos mantêm a condição de jovens eternos, tiram a oportunidade do jovem assumir suas escolhas e desenvolver os valores sustentáveis na formação da liderança do futuro.

É preciso abandonar a condição de líderes com foco em resultados e assumir, cada vez mais, a condição de "líderes-educadores", com foco na formação de novos líderes. As consequências serão responsabilidade das novas gerações, começando pela Geração Y.

Se não tomarmos consciência dessa realidade e mantivermos a atitude omissa, no futuro, teremos apenas uma pergunta: Onde está aquela talentosa Geração Y?

Você vale uma aposta?

ESTAMOS ASSISTINDO A UM jogo diferente no mercado de trabalho. De um lado, estão jovens expressando suas expectativas, buscando freneticamente uma forma de equilibrar seus interesses com os dos demais jogadores, principalmente com os das empresas. Do outro lado, vemos gestores focados e pressionados por resultados, mas frustrados, porque ainda esperam um engajamento efetivo dos novos profissionais. O cenário é estranho, pois parece que o jogo simplesmente não está acontecendo como deveria.

Quando converso com profissionais veteranos, eles são quase unânimes em afirmar que o jovem de hoje não parece interessado em trabalhar. Para esses profissionais, o jovem está buscando atalhos para conquistar privilégios e benefícios sem considerar que precisa dar sua contribuição de forma equivalente ao reconhecimento que deseja. Já é clássico o exemplo do jovem que acabou de entrar na empresa e quer ser, ou melhor, acredita que merece ser gerente em poucos meses.

Há um fator que torna esse cenário ainda mais singular: o fato dos próprios veteranos sustentarem essa situação, ou seja, "a peteca não cai" porque os profissionais mais experientes não deixam. Quando eles mantêm o jogo rodando no ritmo que desenvolveram em suas próprias carreiras, provocam uma reação acomodada por parte dos mais jovens.

Tudo contribui para uma sensação de impasse, afinal, as empresas precisam de resultados e parece que os únicos interessados em colocá-los acima dos próprios interesses pessoais são os profissionais veteranos, pois, para o jovem, isso é absolutamente inaceitável.

O mais irônico é que os veteranos não aceitam mais sustentar o ritmo frenético sem a contribuição dos mais novos e, talvez, como forma de pressioná-los, acabam adotando um comportamento de competição, deixando justamente de formá-los como sucessores.

Há um novo jogo acontecendo, com novas regras, novas ferramentas e novas possibilidades. Parte dessas percepções existem apenas porque estamos vivendo um cenário em transformação. Contudo, vale um alerta: o profissional mais experiente não é o único responsável por construir esse novo jogo. Cabe a ele abrir espaço e apostar no novo profissional, mas ele também deverá avaliar o verdadeiro POTENCIAL do NOVATO para decidir apostar, utilizando alguns pilares:

- **QUALIFICAÇÃO.** Nossa história está repleta de personalidades que mesmo sem formação acadêmica construíram grandes empresas. São conhecidos os casos de alguns que não tinha nem mesmo o ensino básico. Entretanto, esse tempo já passou e, atualmente, a realidade é outra. Agora, ter uma formação no mínimo técnica é condição essencial em qualquer mercado. Há uma crescente busca por pessoas com qualificação acadêmica estruturada, principalmente para as carreiras mais interessantes. O sistema de ensino se expandiu e tornou-se mais acessível, mesmo assim, ainda é necessário que o novato se dedique a estudar. Um fato novo e interessante é que não basta apenas concluir um curso, mas manter-se atualizado, ou seja, nunca parar de estudar se quiser continuar jogando o jogo do mercado.
- **DESEMPENHO.** Desde 1990, quando o movimento da REENGENHARIA promoveu grandes transformações no modelo de gestão das empresas, vemos uma crescente necessidade do profissional apresentar resultados

mensuráveis em sua atuação. Antes, era possível manter-se em uma posição interessante somente por ter muito tempo de empresa ou por haver alguma grande realização em sua trajetória. O histórico profissional tinha um peso importante na sustentação da posição, contudo isso também vem se transformando muito nos últimos anos. Agora é fundamental ao jovem profissional entender que precisa "entregar o que promete" e isso será sempre monitorado.

- **INTERESSE.** É impressionante a quantidade de profissionais que atualmente deixa seu emprego em busca de "novos desafios". Muitos abandonam carreiras estruturadas e sedimentadas em troca da emoção do novo, algo que possa trazer de volta a sensação de expectativa e até de insegurança como a experimentada no início da carreira profissional, quando tudo era novo e muitas vezes representavam uma ameaça à manutenção do emprego. Um jovem profissional, novato em um emprego, não recebe, inicialmente, os desafios de maior valor. O mais comum é que o valor dos desafios sejam apresentados de forma crescente, à medida que são superados. Contudo, quando há diferenças nas expectativas e o jovem aventura-se em um novo emprego em busca de "novos desafios", o que ele alcança, de fato, é uma redução no valor dos desafios, pois torna-se novato outra vez e sua trajetória recua algumas etapas. Seja qual for o motivo para a decisão de ruptura, é fato que ela deixa marcas na trajetória do profissional. Por isso, é muito importante considerar se realmente está em busca de novos desafios ou apenas se desviando dos desafios que encontra pelo caminho. Isso irá determinar se sua estratégia de carreira é vitoriosa ou apenas uma fuga, afinal, algumas vezes os desafios estão exatamente onde você os deixou.

FIGURA 13 · MODELO DE QUALIFICAÇÃO DE POTENCIAL

Esses três pilares, quando atendidos de forma plena, são responsáveis por qualificar o jovem como POTENCIAL, ou seja, digno de receber uma aposta.

O processo é muito simples. Quando um veterano identifica um jovem e decide apostar em suas capacidades, ele assume o papel de mentor e direciona recursos e desafios para valorizar os resultados que podem ser alcançados. Para esse mentor, o jovem é um potencial. E tudo que decidir em relação ao jovem terá o objetivo de desenvolver seu potencial para que se manifeste o talento.

A chave é conquistar um mentor, assim, o jovem terá alguém que o ajudará a desenvolver seu talento; no entanto esse não é um processo muito simples...

A trajetória de cada um é certamente cheia de momentos bons e ruins, durante os quais se vive situações diversas e conhece pessoas dos mais variados tipos. Esta é a essência de nossa vida: caminhar pelos seus ciclos em um fluxo constante de momentos, fazendo escolhas e colecionando experiências.

Algo que muitas vezes passa despercebido são as pessoas que cruzam nossa trajetória com o objetivo de nos transformar por completo, alterando o caminho de decisões que inicialmente havíamos considerado absoluto e correto. Quase sempre demoramos para aceitar a presença provocativa e os "toques afiados" dessas pessoas, mas, depois de um tempo, aprendemos a respeitá-las e a esperar essa interferência em nossas vidas, pois as consideramos nossas principais referências. Isso acontece quando elegemos nossos MENTORES.

Essa relação é pautada por um profundo relacionamento. São conselhos, propostas do melhor caminho a seguir, a melhor trajetória. O mentor não manda, sugere. Ele orienta, guia, mostra o caminho e as opções possíveis, deixando o mentorado fazer a escolha que julgar ser a melhor opção. Entretanto, esse não é o único processo que está envolvido na relação de mentoria.

Apesar de cada um ter papel fundamental na eleição do próprio mentor, cabe a ele – O MENTOR – a decisão final de considerar o potencial e apostar na trajetória de seu aprendiz. O mentor tem a perícia de descobrir talentos e cuidar com extrema profundidade dos crescimentos pessoal e profissional do aprendiz.

Ter um mentor é resultado de uma excelente conquista pessoal. Agora, ter vários mentores é uma enorme responsabilidade, pois exige considerar a missão de transformar-se em mentor algum dia.

Feche os olhos e pense em uma pessoa que de alguma forma tocou sua vida e fez você mudar de direção. Achou um? Achou vários? Que ótimo! Contudo, deixo uma pergunta: Será que, algum dia, ao fechar os olhos, alguém lembrará de você?

A maturidade e o controle

FOI CHRIS ARGYRIS, PROFESSOR de Comportamento Educacional e Organizacional na Harvard University, que, em 1978, propôs o modelo de gestão baseado nos princípios de MATURIDADE. O modelo é simples e considera que quanto maior for a maturidade de uma pessoa, menor será a necessidade de CONTROLE sobre ela, valendo também o oposto.

FIGURA 14 · MODELO DE CONTROLE E MATURIDADE

O grande enigma desse modelo é identificar os mecanismos que contribuem para o desenvolvimento da maturidade, pois, dessa forma, o indivíduo teria maior autonomia para explorar seus talentos. Para que isso ocorra, o amadurecimento do indivíduo precisa contemplar algumas etapas:

- **INFORMAÇÃO.** Receber instruções e dados é a essência do indivíduo moderno. Tudo contribui para isso. Nunca houve, na sociedade, tanta disponibilidade de acesso a qualquer tipo de informação. Essa circunstância transfere a qualquer pessoa a aura de "inteligência superficial", já que todos possuem instrumentos para obter respostas às questões que são apresentadas apenas consultando a internet. Apesar disso, acumular ou obter informações é parte fundamental na formação da maturidade do indivíduo, por isso a necessidade sempre crescente de

manter-se atualizado: nunca parar de estudar, pesquisar e aprender.
- **DISCIPLINA.** Entender como se processa as informações e aprender a otimizar os recursos por meio dos procedimentos é um dos desafios dos dias atuais, em que se busca incessantemente a novidade e se despreza qualquer tipo de rotina. Saber como desenvolver um comportamento estruturado e disciplinado é fundamental para o amadurecimento do indivíduo.
- **EXEMPLO.** Durante o próprio desenvolvimento, o indivíduo deve eleger suas fontes de referência, estabelecendo comportamentos espelhados em pessoas que considera modelos a serem seguidos durante a vida. Essa é uma etapa que também utiliza o fator oposto, ou seja, é possível desenvolver comportamentos opostos ao dos modelos considerados maus.
- **TÁCITO.** É o tipo de conhecimento que se adquire com a experiência pessoal e que não pode ser ensinado. Nos dias atuais essa etapa costuma ser menosprezada, pois é inevitável que envolva as possíveis falhas no caminho. Entretanto, com o foco em resultados, dificilmente se abre espaço para admitir erros, por isso, sem o conhecimento tácito, o processo de amadurecimento fica comprometido.

FIGURA 15 · MODELO DE DESENVOLVIMENTO DE MATURIDADE

Já se sabe que é por meio dos desafios superados que se adquire experiência e também se coloca à prova as competências, criando as condições necessárias para o desenvolvimento da maturidade. Entretanto, receber desafios não é uma tarefa fácil, pois é preciso aceitar a condição de ter que lidar com frustrações, perdas e falhas, aprendendo com cada consequência de suas escolhas.

Profissional flux – você é?

HOUVE UM TEMPO EM que se podia definir a carreira de alguém pela quantidade de cargos ocupados em sua vida profissional. Era uma época diferente, na qual "crescer na carreira" significava simplesmente "assumir um cargo de relevância maior que o anterior".

Assim, era possível iniciar a carreira em funções bem simples e operacionais, apenas com qualificação acadêmica básica. Nesse cenário, parte da responsabilidade pelo desenvolvimento profissional cabia à empresa, o que estabelecia uma conveniente simbiose entre ela e o profissional, permitindo décadas de relacionamento.

Agora, vivemos um novo tempo, com intensas transformações nos relacionamentos e na linguagem. Isso é o resultado dos avanços tecnológicos e da exposição à grande quantidade de informações a que todos somos submetidos. Chegou o tempo do profissional FLUX.

Esse novo profissional não se caracteriza por uma faixa de idade, expectativa de vida ou padrão de consumo. A definição de FLUX refere-se muito mais ao comportamento desestruturado e não linear que diversas pessoas estão adotando em suas vidas, motivadas principalmente por um cenário caótico e mutante que observam ao seu redor.

São pessoas que se adaptaram melhor ao fluxo (*flux*, em inglês) inesgotável de informações e utilizam qualquer ferramenta para fazer uso delas. Estão sempre conectadas e buscando inovações. Além disso, adotam uma forma de interagir com as coisas, acreditando que sempre há como fazer melhor. Elas conseguem se motivar e estruturam suas expectativas e aspirações de acordo com esse ambiente caótico.

Um profissional flux não teme a demissão, porque confia em sua rede de relacionamentos e em sua capacidade de adaptação em diversos cenários profissionais. Ele acredita que sempre há emprego para quem inova e faz acontecer. É ambicioso com sua trajetória, por isso, diante de um profissional em posição mais privilegiada que a sua, normalmente aspira a essa posição, planeja um modo de chegar lá e calcula quanto tempo isso levará, em vez de ficar questionando por que não está lá.

Ter profissionais mais adaptados às constantes mudanças do mercado é um benefício extraordinário para as empresas. Além disso, observaremos que, por causa do desenvolvimento desse comportamento flux, lideranças mais inovadoras e conectadas ao mundo globalizado são formadas. Desta forma, os profissionais mais assertivos e determinados alcançam a visibilidade com maior rapidez nas empresas. Contudo, os líderes precisam estar mais bem preparados para identificar o profissional FLUX.

E você, já é um FLUX?

É fácil ter ideias?

Daniel

Dessa vez, ele demorou quase seis meses para retornar para a sessão, mas chegou sorrindo e animado. Estava muito empolgado com o relatório do perfil psicológico que tratamos da última vez. Disse que mostrou para algumas pessoas, mas que realmente foi na conversa com o pai que percebeu a profundidade dos conceitos e a capacidade de transformar sua relação com ele.

Disse que, antes de compartilhar o relatório, pediu que seu pai apontasse algumas facilidades que enxergava e também alguns limites, ficando impressionado com a precisão que demonstrava em conhecê-lo. Confessou que achava que seu pai era uma pessoa muito ocupada para prestar atenção nele, afinal boa parte de sua vida o viu saindo para trabalhar e retornando apenas à noite.

Questionei sobre sua mãe e Daniel riu alto, dizendo que desconfiava de que, todos esse anos, tenha sido ela quem passou "sua ficha" para o pai. Falou muito de sua ligação intensa com a mãe, uma companheira e amiga que ele sempre considerou mais próxima que o pai.

Ele disse que nem precisava mostrar o relatório porque tinha a impressão de que, na verdade, ela havia ajudado a escrevê-lo. Rindo, pediu que eu concordasse com esse comentário. Sorri e disse que em alguns casos "graves", fazemos consultas às mães, sim...

A sessão estava muito leve e descontraída. Ele, então, falou da evolução de seu trabalho na Câmara de Comércio da China e que novas oportunidades haviam surgido. Fiquei curioso e pedi para que me falasse sobre elas.

Depois que começou a ajudar como intérprete, um empresário chinês ficou interessado em contratá-lo como funcionário, pedindo que atuasse diretamente na sua empresa como um tipo de assessor de diretoria. Ele me disse que aceitou imediatamente, pois era uma posição bem melhor que a de assistente. Além disso, considerava o chinês um grande empresário, que exportava muita coisa para o Brasil. Curioso com a novidade, questionei sobre a atividade do empresário, e Daniel me disse que ele era um exportador de produtos fabricados na China. Trazia para o Brasil todo tipo de mercadoria, desde roupas e relógios até produtos eletrônicos.

Essa diversidade chamou minha atenção e perguntei se conhecia bem a empresa em questão. Ele estranhou a minha desconfiança e eu sugeri que pesquisássemos na internet a empresa e o empresário.

Não foi difícil encontrar diversas matérias sobre o homem, que já havia recebido denúncia por contrabando e também por tráfico de mercadoria manufaturada com trabalho escravo. Em várias matérias, ele era apontado como um dos maiores contrabandistas do país. Em uma ocasião, chegou até a ser preso, ficando na cadeia por algumas semanas.

Daniel demonstrava surpresa, pois havia visto o empresário diversas vezes na Câmara de Comércio, conversando com muitos outros empresários, sem que ninguém comentasse sobre o assunto. Disse que ele não sabia de nada disso, apenas recebia amigos do empresário e os ajudava a se acomodarem no Brasil.

Perguntei como ele tinha se aproximado do empresário e ele me contou que um dia foi convidado para ser intérprete em uma reunião de três chineses com alguns empresários brasileiros que estavam alugando galpões para estoque de mercadorias. Durante as negociações, Daniel percebeu que os empresários brasileiros estavam omitindo algumas informações sobre a segurança do local que ofereciam aos chineses. Depois que a reunião foi encerrada, ele decidiu alertar os chineses. Foi essa atitude que chamou a atenção do empresário e resultou no convite.

Perguntei por que ele aceitou a proposta sem antes fazer uma pesquisa e sua resposta foi de uma sinceridade inquietante. Ele respondeu que aceitou para deixar de ser assistente e porque o salário era dez vezes maior, chegando a ser semelhante ao de gerente na empresa onde havia trabalhado.

Falou que, nos últimos meses, com o novo salário, conseguiu voltar para a academia, começou a frequentar as baladas com antigos amigos e já tinha até financiado um carro novo. Disse que o seu próximo passo era comprar um apartamento para recompor o patrimônio que havia perdido em sua aventura como empresário.

Foi inevitável questioná-lo sobre seu posicionamento diante das notícias sobre seu patrão. Ele não sorria mais. Estava pensativo. Pesquisava diversos sites para se certificar de que não havia engano. Olhava tudo, data da notícia, nomes dos envolvidos, circunstâncias e locais dos eventos, enfim, qualquer coisa que pudesse ajudar a desvincular o nome de seu patrão desses fatos. Entretanto, à medida que pesquisava, identificava lugares em que esteve, amigos do seu chefe com quem havia se relacionado e até se viu no fundo de uma foto em um site de notícias que mostrava o empresário chinês chegando em seu escritório. Os fatos eram muito recentes e ele não tinha percebido nada.

Ele respondeu que isso o incomodava muito, por isso não quis mais conversar, apenas estava determinado a apurar todos os fatos. Terminei a sessão dizendo para ele avaliar bem todo o cenário e pedi que refletisse sobre a razão de seu incômodo.

Buscando provocar uma reflexão mais profunda, cheguei a especular com ele três possibilidades:

1. Está incomodado por não ter percebido nada nos últimos meses, demonstrando certa ingenuidade?
2. Está incomodado por saber a origem de seu salário dez vezes maior e sentir que isso agora pode estar ameaçado?
3. Está incomodado por estar ajudando alguém que atua de forma ilegal e tem caráter questionável?

Judith

Já fazia quatro meses que ela tinha voltado ao antigo emprego. Durante esse período, tivemos apenas uma sessão para falar um pouco mais sobre seu relatório MBTI. Sua empolgação era tanta, que não conseguia conciliar a agenda para mais sessões.

Dessa vez ela chegou animada, queria contar como estava se saindo no novo momento. Disse que agora tudo estava diferente. Seus chefes valorizavam a sua experiência no exterior, direcionando clientes que queriam viajar para fora do país – um público com o qual a agência não atuava anteriormente. Nos últimos meses, ela havia criado pacotes de viagens bem diferentes que atraíam principalmente jovens como ela. Todos queriam ter uma experiência em algum país exótico.

Contou que, em diversas ocasiões, via-se aconselhando clientes que estavam indo para o exterior sem um planejamento consistente, imaginando que conseguiriam sobreviver apenas fazendo trabalhos temporários. Nessas horas, sua experiência falava mais alto e ela não conseguia se conter quando se tratava de uma garota que estava indo viajar com o namorado. Ela tentava, de alguma forma, alertar a menina para que ela não cometesse os mesmos erros que ela havia cometido.

Judith acreditava que, agindo assim, dava um toque mais personalizado ao seu atendimento e que os clientes gostavam. Alertei que, mesmo percebendo uma boa receptividade, devia manter uma posição discreta, pois essa personalização era um pouco invasiva na vida pessoal dos clientes e isso não era muito profissional. Ela recebeu bem o *feedback*, por isso continuamos.

Quando apresentei o conteúdo da sessão, ela rapidamente identificou o que seus patrões viram nela, todos os elementos de QUALIFICAÇÃO, DESEMPENHO e INTERESSE, por isso estavam apostando nela. Eles viram o seu POTENCIAL.

Lembrei que se ela não via isso de alguma forma, era porque estava com a visão bloqueada pelo foco na relação com o ex-namorado.

Nessa hora, perguntei se se sentia à vontade para falar sobre ele. Sua atitude mudou e seu rosto não estava mais com um sorriso. Entendi que o tema ainda era frágil e disse para deixarmos para outra ocasião, mas ela quis falar. Comentou que não sabia como abordar o assunto comigo, mas queria falar sobre o ex-namorado há algum tempo.

Contou que, há dois meses, ele a procurou dizendo que estava com saudades e que ainda gostava muito dela. Eles voltaram a se encontrar, mas ela sentia que era um pouco diferente, pois ainda nutria algumas mágoas dos acontecimentos do passado.

Perguntei se ela conseguiu conversar francamente com ele sobre tudo que havia passado e sobre essas mágoas. Sua resposta foi afirmativa. Ele concordou com tudo, mas não assumiu a responsabilidade por suas escolhas, alegando que tudo aconteceu por pressão de seus pais, que nunca aprovaram o relacionamento deles.

Ela não ficou satisfeita com essa resposta, mas deixou a relação fluir novamente. Disse que depois de alguns encontros seu coração "falou mais alto" e, assim, voltaram a namorar. Contou que, apesar de ele insistir, preferiu não voltar a morar no antigo apartamento de seus pais, porque dessa vez queria ter um relacionamento mais maduro. Mesmo assim, confessou que, nas primeiras vezes que saíram juntos, tudo que ela queria era aproveitar o reencontro, pois estava sozinha há mais de um ano e sentia muita falta de companhia e carinho. Ele conhecia muito bem essa carência e sabia como se aproveitar dela para agradar Judith. Fiquei surpreso com o relato e perguntei como eles estavam atualmente. Judith disse que não estavam mais juntos. Tinham rompido novamente, depois que ele reclamou de seus planos de ter uma agência de turismo.

O namorado reclamava do tempo que ela dedicava ao trabalho na agência. Disse que a última briga aconteceu quando ela decidiu acompanhar alguns clientes em uma visita a um navio. Os clientes estavam planejando um cruzeiro, mas queriam conhecer as acomodações. Por causa disso, ela, que estava vendendo o pacote, deixou de sair com o namorado em um sábado para ir ao porto.

Segundo o namorado, ela não precisava se preocupar em trabalhar tanto, pois ele tinha condições de cuidar dela, agora que tinha um emprego no escritório de seu pai.

Essa atitude a fez voltar à realidade e se lembrar de como o namorado não se dedicava a nada. Mesmo agora, ele havia optado por trabalhar com o pai, para que tivesse uma situação mais confortável. Concluiu que sua trajetória com ele estava caminhando na mesma direção de quando estavam na Nova Zelândia e o namorado reclamava de ela ir trabalhar ou estudar em vez de se aventurar nos passeios que ele propunha.

Elogiei a decisão, pois era resultado de um processo de maturidade, mas questionei qual a razão de ela não conseguir falar sobre isso comigo, uma vez que havíamos nos encontrado durante esse período.

Ela abaixou a cabeça e disse que no início ficou um pouco insegura, com medo de ser julgada por ter voltado com o ex-namorado, mas agora precisava falar porque um fato ocupava sua mente desde a última semana. Judith achava que estava grávida e estava apavorada. O resultado do exame de farmácia foi positivo, mas ela ainda não havia contado para o ex-namorado, pois sabia que ele enlouqueceria e que seus pais não iriam gostar nada da notícia. Não sabia como agir e queria conselhos.

Falei para ela procurar um médico e fazer exames mais consistentes antes de tomar qualquer decisão, porque isso poderia ter impactos enormes em sua trajetória.

Ficamos de nos encontrar novamente assim que ela tivesse o retorno dos exames.

Tales

Nos últimos seis meses, tivemos apenas duas sessões de mentoria por Skype. Tales se mudou para o interior com o objetivo de avançar em um projeto que era temporário mas que acabou se estendendo, e não teve oportunidade de estar pessoalmente nas sessões. Isso tornou o contato um pouco limitado e nossas conversas mais superficiais. Entretanto, dessa vez ele estava próximo e marcamos um encontro em um café. Apesar do intenso movimento ao redor, conseguimos conversar com certa tranquilidade.

Ele me contou que estava andando de bicicleta diariamente desde que a ideia surgiu em nossas sessões. Estava satisfeito porque tinha emagrecido um pouco e se sentia cada vez mais disposto. Disse que estava sendo muito bom ter momentos de reflexão com regularidade. As ideias voltaram a fluir e o trabalho no projeto o mantinha sempre motivado. Também falou que conseguiu alugar um pequeno apartamento na cidade onde estava morando e que já tinha até retomado o contato com alguns de seus colegas do passado.

Com essas notícias tão simétricas e boas, suspeitei que houvesse mais alguma coisa acontecendo. Ele havia mudado da atitude deprimida e derrotada para um estado de motivação crescente muito rapidamente. Acabei questionando-o diretamente.

Ele tomou um bom gole de seu café e, sorrindo, disse que eu tinha razão em suspeitar. Não quis me contar antes, para eu não zombar do ceticismo dele em relação à ideia de andar de bicicleta.

Pegou seu celular e abriu em uma foto que mostrava ele e uma moça passeando de bicicleta no parque. Seu comentário foi simples, mas carregado de emoção: "Achei minha metade da laranja".

Fiquei muito contente com a notícia e decidi comprar mais dois *cappuccinos* para nós, assim poderíamos celebrar essa conquista de forma mais apropriada.

Tales comentou que eles trabalhavam juntos no projeto fazia algum tempo, contudo interagia muito pouco com ela e sempre sobre o trabalho. Em alguns dias, o contato se limitava apenas ao cumprimento formal e nada mais. Até então, ela era apenas uma colega.

Tudo mudou quando ele mencionou o plano de andar de bicicleta, perguntado a ela e aos demais colegas onde poderia pedalar com tranquilidade. Ela tomou a iniciativa e disse que pedalava todos os dias à noite, em um parque próximo de sua casa. Essa conversa resultou em um convite para pedalarem juntos, que evoluiu para a conveniência de deixar a bicicleta na casa dela e acabou com banhos diários, depois dos passeios noturnos.

Ele disse que, quando menos esperava, estava trocando histórias e confidências com ela. As conversas fluíam naturalmente e ele não tinha receio de contar tudo que havia acontecido. Comentou que ficava surpreso com a franqueza dela em dizer que ele foi ingênuo e até imaturo para lidar com seus problemas. Essa atitude cativava Tales de um jeito que ele não esperava. Ela comentava que ele tinha que "virar a página". Se errou, devia aprender com o erro e seguir adiante, em vez de ficar se culpando e se martirizando.

Ela estava tão convicta da realidade de Tales que chegou a lhe dar um livro com o qual eu também pretendia presenteá-lo em breve. O autor é Jerry B. Harvey (editora José Olympio) e tem um título bastante interessante: *Como é que toda vez que me apunhalam pelas costas minhas digitais estão na faca?*

Sua nova namorada foi certeira. A indicação era mais que apropriada para o estado em que Tales se encontrava.

Além disso, estava muito claro que o relacionamento com essa moça havia trazido uma nova energia para ele.

Aproveitei o encontro para atualizar os conceitos de talento e potencial e Tales fechou nosso encontro com chave de ouro dizendo que agora ele se sentia um POTENCIAL, pois tinha alguém apostando nele, apesar de ser por pouco tempo.

Estranhei o final de sua frase e esbocei uma correção dizendo: "apesar de ser HÁ pouco tempo, você quis dizer..."

Ele negou minha correção. Disse que era fato que o relacionamento estava indo muito bem, mas que seria por pouco tempo, pois ela estava de mudança para a Polônia e já haviam decidido que não continuariam o namoro separados. Tales mencionou que tinha prometido a ela não se deprimir. Combinaram de aproveitar os bons momentos juntos e nunca mais deixar se abalar pelas "surpresas da vida".

Fiquei novamente surpreso com essa notícia e questionei sobre o que ela representava para ele. Sua resposta foi: "o SONHO que eu não sabia que podia ter".

Terminei nosso encontro perguntando: *"o que você deve fazer com seus sonhos?"*

Ele ficou surpreso com minha pergunta, mas antes que esboçasse qualquer intenção de me questionar, despedi-me e deixei-o com suas reflexões...

Vitória

Dessa vez, ela chegou bem mais cedo e estava animada e sorridente. Creio que era a primeira vez que a via assim desde que nos conhecemos. Ela me abraçou e trouxe uma camiseta que havia comprado no Peru. Queria me presentear. Apesar de achar a atitude inusitada, aceitei prontamente, pois vi que ela havia refletido muito para vir a essa sessão e estava muito empolgada.

No início, evitou sentar-se. De pé, falou ansiosamente sobre os acontecimentos em sua vida desde o nosso último encontro.

Ela contou que leu diversas vezes o relatório de perfil psicológico e decidiu mostrá-lo para seu pai. Eles já haviam voltado a se falar, mas não de forma profunda e sincera. Quase sempre, os contatos se resumiam a comentários sobre o dia a dia, com pequenas "cutucadas ácidas" do pai sobre as decisões que Vitória havia tomado no passado. Disse que já havia se acostumado com essa atitude, pois sabia que ele ainda estava muito magoado.

Perguntei o que aconteceu quando mostrou o relatório para seu pai e Vitória abriu um sorriso.

Contou que ele leu o relatório e ficou atento às anotações dela, principalmente àquela frase que Vitória também havia destacado em nosso último encontro: "Pode agir de forma dominadora, tomando a frente sem escutar os demais".

Ele perguntou por que havia destacado essa frase no relatório. Ela respondeu que era sua maior limitação e alvo de grande parte de seu esforço de mudança. Falou que estava aprendendo muito com toda a experiência.

Mostrou o pequeno texto que eu havia deixado com ela na última sessão, sobre boas e más escolhas e acabou contando que havia voltado a fazer as sessões de mentoria.

Antes que ele falasse qualquer coisa, ela se adiantou dizendo que não estava esperando nada em troca. Simplesmente havia entendido por que o pai exigiu que fizesse as sessões. Admitir isso para ele pessoalmente era uma das coisas que tinha se proposto a fazer. Disse que mesmo que ele continuasse chateado, tinha o direito de saber que ela havia entendido e concordado com sua exigência.

Assim que ouviu essas palavras, seu pai a abraçou como nunca havia feito antes. Chorando, disse que sonhava com o dia em que ela finalmente admitisse que era muito imatura e que precisava se submeter a um tipo de experiência como a mentoria. Falou que o motivo principal era que, por ter estado ausente em uma parte de sua vida, sabia que não estava sendo uma boa referência. Tinha convicção de que grande parte de sua imaturidade se devia aos privilégios que ele havia proporcionado, protegendo-a de grande parte das frustrações.

Revelou que sabia da intenção dela de não ir para o Canadá como havia falado inicialmente. Disse que uma vez a ouviu conversando com as amigas no quarto e acabou escutando o "plano" de embarcar em um navio do Greenpeace e rodar o mundo.

Ele sabia que Vitória não estava preparada, por isso exigiu que fizesse as sessões de mentoria. Acreditava que, pelo menos assim, teria alguém de fora da família, com opinião profissional, conversando com ela sobre seu comportamento. Sua aposta era que isso traria um pouco mais de preparo para a aventura de sua vida. Nunca imaginou que poderia ter os desdobramentos que tiveram.

Falou que sofreu muito quando tudo aconteceu e mesmo com o desejo enorme de ir para o Peru "resgatar" sua filha, foi orientado na embaixada a apenas providenciar o atendimento jurídico. Saber que a filha estava na cadeia e que teria de pagar uma pena com trabalhos sociais o deixou com uma sensação de impotência terrível. Contudo, depois percebeu que a experiência também ajudaria Vitória em seu projeto de vida. Afinal, se pretendia ser uma ativista social, seria muito bom que fizesse trabalhos assistenciais onde quer que fosse.

Ele comentou que não quis manter segredo sobre isso, mas também não via oportunidade nem momento para tocar no assunto, assim, decidiu contar apenas se ela, um dia, mostrasse ter entendido que estava despreparada para todo o seu plano.

Todas essas revelações surpreenderam Vitória, principalmente porque ele nunca falou sobre isso, nem mesmo quando tiveram aquela horrível briga no passado. Entretanto, ela sentiu um enorme peso sair de seus ombros depois dessa conversa. Eles se abraçaram demoradamente, choraram bastante e depois Vitória começou a contar para seu pai as aventuras que viveu durante sua estadia no Peru.

Ela falou sobre as dificuldades iniciais com a higiene pessoal, pois teve de abrir mão de coisas que até então considerava básicas, como cabeleireiro e manicure. Disse que a alimentação era feita em restaurantes comunitários e que não podia escolher nada, apenas comer o que tinha. Falou como sofreu com o afastamento de todos os amigos e de como era terrível ter de dormir cedo. Seu pai ouviu atentamente, procurando não fazer qualquer comentário, apenas acenando positivamente a cabeça, dizendo que entendia as coisas que ela relatava.

Depois de muitos fatos relatados, alguns tensos e outros que faziam ambos rirem da situação, Vitória contou para o pai como foi importante que tudo isso tivesse acontecido em sua vida, revelando também que essa experiência definiu o seu destino profissional.

Seu pai questionou, então, o que ela tinha decido, e Vitória respondeu que seria assistente social. Disse que agora entendia que seu plano de ser uma ativista tinha sido apenas uma atitude imatura e rebelde de uma garota mimada.

Ele ficou um pouco surpreso, mas disse que apoiaria da forma que pudesse. Ela falou que saber que o pai estava por perto já era uma ajuda incrível. Ele perguntou se ela já tinha um plano e Vitória contou a ele o que me contou em nossa sessão: ela estava se preparando para viajar para o

Timor Leste com uma organização vinculada ao exército brasileiro. Sua missão seria atuar como assistente social voluntária em comunidades carentes.

Fiquei surpreso com seu relato e apenas questionei como faria para se formar assistente social e ela me contou que já havia ingressado numa universidade de ensino à distância e faria o curso enquanto trabalhava.

Ela disse que partiria em três meses, por isso, perguntou se haveria possibilidades de mais algumas sessões de mentoria e também pediu para continuarmos as sessões virtualmente, pois queria me contar todos os detalhes da nova aventura.

Ela me abraçou quando respondi afirmativamente e contou que queria falar sobre sua escolha na próxima sessão.

Roberto

A cena que presenciei com a chegada de Roberto foi absolutamente inusitada. Ele trazia diversos livros nas mãos e uma mochila cheia de outros. Eram todos biografias que ele havia lido. Disse que queria aprender como identificar os conceitos por trás de cada história de vida ali retratadas. Comentou que, desde nosso último encontro, ficou fascinado com a ideia de aprender além do que está escrito nos livros.

Era visível sua determinação. Ele leu o relatório de perfil psicológico inúmeras vezes e também o livro que eu havia emprestado na última sessão. Perguntei o que estava acontecendo e ele me disse que eu havia despertado sua fome de conhecimento. Contudo, ele não parecia feliz...

Depois de me mostrar todos os livros que tinha trazido, falou que estava aborrecido no seu trabalho, pois novamente surgiu uma vaga de gerente, mas ele não poderia concorrer a ela por falta de formação acadêmica. Contou que isso o deprimia muito e que, no último final de semana, passou horas na internet procurando um novo emprego.

Chegou a separar algumas vagas, mas não teve coragem de enviar seu currículo, sentia que estava traindo a empresa onde trabalhava. Acabou indo para a praia com alguns amigos para esquecer a tristeza, mas também foi ruim, porque eles ficaram horas em congestionamentos na estrada. Enfim, nada o ajudava a sair do processo de depressão. Disse que não tinha sorte!

Comentei que não havia nada novo nesse episódio, pois ele já sabia que a empresa sempre exigia uma formação universitária para a posição de gerente. A falta de coragem para enviar currículos também não parecia nada diferente do que já havíamos conversado antes, ou mesmo simulado há algumas sessões. Questionei, então, se ele havia refletido sobre o que realmente o estava deixando triste e sua reação foi abaixar a cabeça e acenar afirmativamente...

Disse que sabia que precisaria ter uma postura diferente da que vinha tendo até então. Sua alternativa agora era voltar a estudar, mas isso o estava incomodando muito. Ele não queria admitir que esse era um caminho inevitável se quisesse continuar com o plano de ser gerente.

Questionei qual o motivo para ele se incomodar tanto, afinal, hoje existem várias alternativas para se fazer uma faculdade e, certamente, ele encontraria uma que fosse bastante adequada para a trajetória pretendida.

Ele comentou que não teve momentos bons na escola. Grande parte das vezes foi rejeitado pelos colegas, pois era muito exigente com as tarefas, principalmente quando faziam trabalhos em grupo. Sua turma reclamava que ele era sempre muito autoritário e bravo, tomando a frente na hora de dividir as tarefas, mas sempre fazendo tudo antes, da forma que achava que deveria ser.

Sorri, peguei novamente o seu relatório e destaquei uma de suas limitações: "Pode decidir muito rapidamente e pressionar os outros a fazerem o mesmo".

Ele disse que era justamente isso que o incomodava. Tinha muito medo de voltar a estudar e sofrer com esse jeito de ser. Queria primeiro resolver esse problema. Interrompi nesse momento, questionando qual seria o "problema".

Sua explicação foi quase um desabafo. Afirmava que precisava ser mais gentil com as pessoas, mas não suportava quando alguém agia sem organização. Sabia que precisava ser flexível, mas se contorcia de raiva quando alguma coisa saía do programado. Ele viu tudo isso apontado no relatório, mas não sabia como agir de forma diferente.

Alertei que essa forma de agir não deveria ser, necessariamente, um problema. Cada pessoa funciona melhor quando consegue adotar um estilo que lhe permita expressar suas preferências. O uso forçado de um estilo diferente do seu durante longo tempo pode resultar em ineficiência e exaustão. Ainda que possa adotar um estilo diferente quando necessário, a pessoa contribuirá mais quando estiver usando suas preferências e aproveitando suas qualidades.

Comentei que não havia nada que precisasse "resolver", mas, sim, desenvolver, principalmente sua percepção em cada passo para manter as discussões e opções abertas, sem descartar alternativas prematuramente. Ele deveria aprender a agir com um pouco mais de serenidade, respeitando os limites e a velocidade das outras pessoas.

Lembrei que seu maior talento era justamente ser uma pessoa focada nos resultados e que trabalhava de forma estruturada, características importantes nas posições de gestão.

Ele já havia apresentado esses mesmos argumentos em sessões anteriores, mas parecia que revisitá-los o ajudava a destruir suas resistências e a reavaliar suas premissas sobre uma eventual volta aos estudos. Ainda tivemos duas outras sessões nas quais Roberto apresentou novos argumentos para adiar sua decisão, mas depois de quase um mês e outra oportunidade perdida na empresa, ele chegou para mais uma sessão querendo apenas contar sua decisão.

O VALOR DO POTENCIAL

Disse que havia conversado com seu pai no último final de semana. Foi para casa dele desabafar suas mágoas e acabou recebendo uma bronca. Seu pai, que não havia estudado muito na vida, o repreendeu por ele estar reclamando de sua realidade sem sequer se mexer na direção do que dizia querer.

Com uma percepção bastante aguçada, o pai falou que os tempos eram diferentes e que dificilmente Roberto iria crescer sem mais estudos. Chegou a dizer que ele mesmo estava pensando em fazer um curso técnico para voltar ao mercado de trabalho de forma mais orientada. Ele ainda pretendia viver muitos anos e a aposentadoria não estava sendo, de fato, um período de descanso, pois as necessidades eram sempre maiores que o dinheiro que recebia.

O encontro com o pai foi determinante para Roberto, que resolveu cursar a faculdade e se inscreveu para o vestibular de um curso de Administração.

Recebi com alegria a notícia e sugeri que ele focasse todo o seu "apetite" por conhecimento na decisão que havia tomado. Isso certamente iria ajudá-lo a superar os obstáculos. Finalizamos a sessão depois que Roberto contou mais detalhes de seu encontro com o pai.

Liliane

Ela chegou agitada. Estava com as apostilas do curso para exame da OAB e, assim que se sentou, fez questão de mostrar cada uma delas, citando matérias que nunca havia estudado antes, nem mesmo durante a faculdade. Suas primeiras palavras tentavam demonstrar o tamanho do desafio que seria passar no exame. Apresentou textos em latim, tabelas e planilhas com dados estatísticos e muitos artigos de juristas renomados.

Segurando o Código Civil o tempo todo, dizia que não acreditava que, com tantas exigências, pudesse existir no país tantos advogados incompetentes. Sua atitude me parecia um pouco rebelde, com diversas manifestações de indignação com o processo.

Como uma advogada perante um juiz, ela apresentava artigos em sites que mencionavam uma suposta reserva de mercado para os advogados: "Afinal, nenhum deles quer mais concorrentes e, como todos nós sabemos, o curso de Direito forma muitas pessoas anualmente".

Citava casos de indignação pública, com o argumento de que o exame cria uma verdadeira indústria milionária de concursos que enriquece os cofres da OAB, dos cursinhos, dos professores, das universidades, das instituições que aplicam as provas.

Levantou alguns questionamentos intrigantes:

- Quantos advogados experientes e com a carteirinha vermelha seriam hoje aprovados nesses Exames de Ordem?
- Será que os dirigentes da OAB se sairiam bem?

- Quem sinceramente acredita que um único exame pode garantir a qualidade vitalícia de um advogado para atuar em todas ou quaisquer áreas do Direito?

Tudo que mostrava parecia representar um manifesto contra o exame da OAB. Ela estava obstinada em apresentar todas as informações que pudesse para mim, sem ao menos perguntar se eu queria saber de tantos detalhes.

Esperei que ela dissesse tudo que precisava falar e depois perguntei sobre o seu pai. Isso desconcertou seu ritmo e ela ficou em silêncio por alguns instantes. Em seguida, perguntou-me se não tinha escutado nada do que ela falou.

Eu disse que havia escutado, mas que como ela parecia já ter falado tudo sobre a prova, decidi mudar de assunto e quis saber como estava a situação de seu pai.

Ela respondeu contrariada que o pai estava bem. Continuava internado e se recuperava rapidamente, mas ainda tinha um longo caminho até ficar totalmente livre dos medicamentos.

Em seguida, perguntou minha opinião sobre os fatos que apresentou a respeito do exame da OAB. Ela estava muito ansiosa para receber meus comentários. Queria saber se eu concordava com seus argumentos ou se tinha um ponto de vista diferente.

Estranhei a sua atitude, que era até um pouco agressiva, e decidi dar minha opinião mais direta e franca. Falei que, se pretendia ser advogada, deveria jogar o jogo com as regras atuais. Depois poderia até fazer esforços políticos para mudar o sistema, mas condenar tudo agora, levantando teorias absorvidas de entidades com reconhecimento discutível, ou era ingenuidade ou uma tentativa de encontrar um novo argumento para não fazer o exame.

Minha resposta não a agradou nem um pouco. Certamente esperava uma atitude mais solidária com sua indignação, apoiando sua nova luta contra a injustiça de ser obrigada a realizar um exame depois de cinco anos de estudos.

Disse a ela que não seria honesto mudar minha opinião apenas para agradá-la. Realmente achava que a melhor forma de mudar essa possível injustiça seria primeiro se tornar advogada, usando as regras como elas se apresentavam, e, só depois, localizar as instâncias adequadas para pleitear a mudança do sistema.

Ela ficou bastante indignada. Pegou suas coisas e se despediu dizendo que não queria falar mais e que depois me ligaria. Fiquei surpreso com a atitude, mas não interferi, nem tentei um contato posterior. Aguardei que ela entrasse em contato.

Sua atitude agressiva não era comum, por isso registrei a situação detalhadamente. Certamente havia fatos que ela não estava revelando, mas que estavam pressionando sua vida.

Passaram-se três semanas até que ela ligou pedindo para marcarmos um novo encontro. Eu concordei, mas impus uma condição: o encontro só aconteceria depois que ela tomasse uma decisão definitiva sobre o exame da OAB, fosse positiva ou negativa.

Ela disse que compreendia e que entraria em contato depois da primeira fase do exame. Concordei e me despedi.

CAPÍTULO 6
QUAL É O SEU PROPÓSITO?

Renda-se, como eu me rendi. Mergulhe no que você não conhece como eu mergulhei. Não se preocupe em entender, viver ultrapassa qualquer entendimento.

CLARICE LISPECTOR

SESSÃO FINAL
Escolhas

O jovem sabe a importância do propósito?

JÁ FAZ ALGUM TEMPO que tenho percebido o comportamento aflito dos jovens. É muito comum vê-los ansiosos com os possíveis caminhos que podem ou devem seguir, sempre tomados por pressões pessoais que tentam garantir que façam escolhas não só corretas, mas, sobretudo, "espetaculares".

Tudo acontecendo de forma acelerada e simultânea, como se a quantidade de possibilidades pudesse garantir um resultado satisfatório e talvez até a felicidade em cada passo dado. Esses jovens dedicam uma enorme energia em serem um sucesso e serem reconhecidos por isso. Entretanto, toda essa energia não está trazendo os resultados esperados. Frustração, decepção com a carreira e ansiedade extrema para novos desafios são características cada vez mais presentes, levando os jovens a ações sem foco e com o consequente resultado frustrante.

O que acontece? Com todos os recursos, todo o acesso às informações, todo o cenário atual, não era para estar acontecendo justamente o oposto?

Os jovens da Geração Y tiveram o privilégio de desenvolverem uma grande intimidade com toda a tecnologia de conectividade e, portanto, estão muito mais preparados para extrair todo o potencial dos comportamentos resultantes dos novos conceitos de comunicação. Em geral, isso é associado a melhor desempenho e produtividade, contudo, é justamente aí que estamos observando os maiores desafios, pois são jovens expostos mais tarde às experiências que desenvolvem o conhecimento tácito.

Para suprir a falta desse conhecimento, alguns jovens acreditam que quanto mais cenários diferentes experimentarem, mais estarão preparados. Essa é uma estratégia

QUAL É O SEU PROPÓSITO?

equivocada, porque confunde experimentação com absorção de experiência.

Creio que esteja na hora de o jovem refletir sobre seus propósitos, o que não é simples, pois esse conceito foi ligeiramente abandonado na sociedade moderna, e os jovens, muitas vezes, nem entendem qual o real significado de se ter um propósito.

A Geração Y necessita, com urgência, estabelecer um significado para sua própria existência. Cabe ao jovem decidir "para que" está realizando todo o esforço a que se submete diariamente. Qual o seu objetivo? Aquele que determina sua vontade de realizar? Aquilo que vale o sacrifício e que se pode afirmar ser um propósito de vida?

Os movimentos recentes da sociedade em manifestações públicas estão chamando a atenção pela diversidade de temas e pela amplitude demográfica de seus participantes. Nesse século, é a primeira vez que se assiste a esse fenômeno, cuja principal característica é a mobilização digital por meio das redes sociais.

É evidente que a mobilização digital é válida, mas precisa avançar para além das redes sociais e alcançar o comportamento social que leve a transformações efetivas. Curtir imagens e mensagens contra corrupção não irá acabar com ela. Fotografar um carro que estaciona na vaga de deficiente irregularmente e compartilhar como "absurdo" não irá melhorar a cidadania de um país. É preciso fazer algo menos superficial. Clicar e compartilhar é muito pouco para quem realmente pretende ser coerente com a mensagem que divulga em seu perfil.

Estamos, sim, em um momento histórico da sociedade brasileira e o futuro irá julgar se todo esse movimento foi um temporal válido ou apenas mais uma brisa no caminho da evolução social do Brasil. O que irá determinar essa diferença serão os propósitos estabelecidos para esses movimentos. A pergunta fundamental deve ser: para que toda essa mobilização?

Na vida, fazemos sempre escolhas e elas trazem consequências. Até agora, os jovens colhem frutos das escolhas das gerações mais antigas. Escolhas certas e erradas fazem do cenário atual a nossa realidade e certamente ainda temos muito que acertar. Sendo assim, é fundamental que o jovem não se limite a se manifestar apenas nas redes sociais, mas que, de fato, questione o cenário, proponha mudanças e lute por elas nas ruas, nas empresas, nas universidades e, principalmente, no voto.

E com todo esse debate fica uma questão: Você sabe qual é o propósito de suas escolhas? Você já sabe qual é o seu propósito? Ainda não? Saiba que é exatamente por isso que você ainda não viu sua vida avançar como deseja.

Quatro questões para tocar os sonhos

AVALIAR E REAVALIAR AS nossas expectativas o tempo todo requer um esforço enorme, principalmente se estivermos concentrados em nos conhecer e tomar boas decisões, ou seja, ter um propósito realmente recompensador para a vida que vivemos.

A busca é por coisas que nos cativem, nos motivem a seguir adiante. Desejamos sempre e sonhamos muito, mas o que quase sempre encontramos são respostas nebulosas e altamente especulativas. Depois de tantos debates, reflexões, estudos e pesquisas, o nosso propósito ainda é uma área cinzenta, com possibilidades diversas e com certezas mínimas.

Para que nossos sonhos não sejam apenas pensamentos aleatórios e sem chances de serem realizados, creio que devemos colocar em prática o real significado da palavra "cativar", conquistando pessoas, espaços, cargos e confiança, mantendo-nos sempre atentos para não nos acomodarmos sem perceber, com a desculpa que o tempo (ou a falta dele) é nosso maior inimigo na manutenção de tudo que cativamos.

Existem quatro questões que nos ajudam a manter o foco em nossos sonhos, ou seja, nas coisas que podem dar significado para nossas vidas, e é um bom exercício lembrar delas sempre que estivermos diante de algum novo desafio ou frustração.

QUESTÃO 1 – O QUE FAZER?

Saber escolher é um dos grandes desafios pessoais, pois sempre envolve perdas que, na maioria das vezes, não temos como dimensionar os prejuízos. Perder alguma coisa gera o sentimento de desapego forçado, incômodo e até inadequado. Ninguém gosta de perder. Em algumas situações, acreditamos que melhor seria se não tivéssemos de fazer escolhas.

No mundo atual, com tantas possibilidades e facilidades de acesso a quase tudo, é ainda mais desafiador realizar escolhas. Vemos isso o tempo todo. Pessoas se apropriam de tarefas e rotinas que não teriam como realizar a menos que as fizessem simultaneamente. Exageros já são identificados em circunstâncias inusitadas e até perigosas. Quem nunca viu uma pessoa digitando uma mensagem em seu celular enquanto dirigia?

Figura 16 · Modelo do dilema das escolhas

Quando a escolha é estratégica para sua vida, o desafio é ainda maior, pois certamente envolve direções muitas vezes opostas e até irreversíveis. Isso costuma levar as pessoas a adiarem ao máximo suas escolhas, esquecendo que isso também é uma escolha e que terá impacto na velocidade de sua trajetória.

Saber o que fazer é fundamental para que sua vida siga em frente, promovendo experiências que certamente irão ajudar no próprio desenvolvimento.

QUESTÃO 2 – QUANDO FAZER?

Saber estabelecer o uso correto de seu principal recurso pessoal – o TEMPO – é absolutamente estratégico na trajetória de vida. Normalmente, gostaríamos que esse recurso fosse ilimitado. Em alguns casos, vemos pessoas que levam suas vidas como se isso fosse possível. Esquecemos com facilidade que nos é oferecido 1440 minutos diários que não podem ser acumulados e nem mesmo renovados. Chegamos até mesmo a desejar que o dia tivesse mais que apenas as 24 horas...

Determinamos nossas prioridades, quase sempre, seguindo um padrão de **urgência** e **importância**. Nossa dificuldade em acomodar as nossas escolhas dentro desses limites é tão grande que podemos facilmente confundir nossos planos ao errar em estabelecer as prioridades de nossa vida.

FIGURA 17 · MODELO DE GESTÃO DO TEMPO E DAS PRIORIDADES

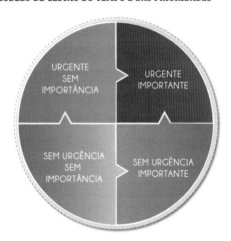

Isso gera escolhas equivocadas, pois quase sempre damos atenção para o que é urgente e esquecemos que o importante irá se tornar urgente em algum momento. Saber o que importa deve ser alvo de nossa mais profunda atenção: só não temos tempo para aquilo que não é importante para nós.

QUESTÃO 3 – COMO FAZER?

Agir sem uma estratégia, sem um plano, é como fazer escolhas aleatórias usando recursos de forma errada. Grande parte dos fracassos que experimentamos devem-se aos erros na forma como fizemos nossas escolhas e utilizamos nossos recursos. Devemos avaliar cuidadosamente cada ação necessária na definição dos caminhos a serem seguidos em nossas escolhas. Desprezar algum detalhe pode comprometer completamente os resultados esperados.

Para elaborarmos uma boa estratégia, devemos fazer muitos QUESTIONAMENTOS. O objetivo é a BUSCA DE INFORMAÇÕES que levem a um julgamento diante das nossas EXPECTATIVAS, assim como de quem está envolvido.

Tais ações levam a uma análise mais profunda das PROPOSTAS e IDEIAS, procurando sempre alcançar os RESULTADOS projetados, entre eles, o reconhecimento pessoal.

Não podemos, entretanto, dispensar as possíveis reações a nossa estratégia, pois elas representam obstáculos e desafios para cada escolha que fazemos. As reações mais comuns são a INDIFERENÇA diante dos questionamentos, a OMISSÃO, quando se busca informações, a INDISPOSIÇÃO

FIGURA 18 · MODELO DE COMPORTAMENTOS – AÇÃO E REAÇÃO

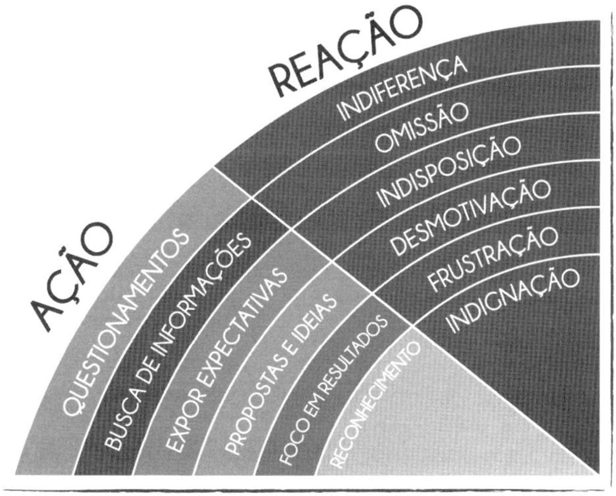

com as expectativas, a DESMOTIVAÇÃO com as propostas, a FRUSTRAÇÃO quando os resultados não são alcançados e, por fim, a INDIGNAÇÃO se o reconhecimento é inexistente.

QUESTÃO 4 – PARA QUE FAZER?

Essa é a pergunta fundamental. Ela nos remete ao futuro, ao propósito que estabelecemos para cada escolha que fazemos. Quando se determina uma resposta para essa pergunta, cria-se o significado que dará sustentação às escolhas.

Sem a resposta para essa questão, dificilmente a escolha alcança seu objetivo, pois os obstáculos exercem uma pressão contrária de tal magnitude que nos leva a desistir de nossas decisões – de nossos sonhos. Para se alcançar os objetivos, algumas atitudes são importantes:

1. Tenha sempre o foco no desejo e nas realizações.
2. Exerça o desapego de coisas sem significado e que já serviram ao seu propósito. Caminhe mais leve.
3. Celebre todas as realizações, mesmo as mais pequenas.
4. Retome contato com pessoas que foram importantes para você. Elas merecem ver como tocaram sua vida.
5. Busque relacionamentos com pessoas de talentos em quem você possa apostar.
6. Encontre-se consigo mesmo sempre, todos os dias.
7. Nunca pare de sonhar.

Ter propósitos é fundamental para quem quer se engajar em um sonho e desejar o suficiente para obter a conquista da realização. Lembre-se, até mesmo as grandes empresas sabem disso e buscam mobilizar seus colaboradores em uma direção para alcançar resultados incríveis. Joey Reiman, autor do livro *Propósito* (HSM, 2012), afirmou certa vez que

> Quando a Nike disse "Just do it", deu voz à crença de que os seres humanos não têm limites. Quando a Disney sugeriu às pessoas para fazerem um desejo a uma estrela, elas instantaneamente foram remetidas à ideia poderosa de que a vida é mágica. A Apple fez da criatividade uma coisa boa, seu propósito. Antes dela, criatividade era para palhaços. Steve Jobs colocou precisão e paixão juntas e fez a criatividade para líderes.

Responder "para que" nos movimentamos é estabelecer a razão de existir. Jamais realizaremos nossos sonhos se não soubermos o significado que existe em alcançá-los.

Assumindo as escolhas

Daniel
Retornou depois de duas semanas e avisou em sua mensagem que minhas questões o deixaram incomodado e gostaria de falar sobre elas.

Chegou trazendo uma pasta com diversos jornais e revistas da China com matérias sobre seu patrão. Em nenhuma delas havia qualquer menção negativa sobre o empresário, apenas elogios e descrições sobre suas realizações. Evidentemente, não podia confirmar isso, pois tudo estava escrito em mandarim, mas a palavra de Daniel era suficiente, afinal era ele que estava fazendo escolhas.

Perguntei se havia alguma menção sobre os acontecimentos que envolviam o empresário no Brasil e ele afirmou que apenas uma revista do setor de comércio havia mencionado a dificuldade de fazer negócios aqui, porque os empresários chineses eram "perseguidos" com frequência por serem mais "competentes" e terem práticas inovadoras que não eram aceitas na burocracia do país. Nessa matéria, citaram seu patrão como um exemplo de alguém que foi injustamente preso para que não pudesse fazer concorrência com os empresários locais.

Mesmo achando tudo muito inusitado, procurei não emitir minha opinião e apenas confirmei que estava absorvendo suas informações. Depois de mostrar tudo que trouxe, questionei qual era o posicionamento dele diante de todos os fatos, pois era evidente que ele havia realizado uma extensa pesquisa sobre seu patrão.

Daniel disse que, em nossa última sessão, ficou surpreso quando levantamos uma série de informações negativas sobre o empresário chinês e que, de certo modo, sentiu-se um pouco ingênuo por não ter percebido isso antes. Quando salientei esse fato como uma das possibilidades para explicar o incômodo que estava sentindo no final da sessão, sua primeira reação foi concordar, pois realmente havia sido bem tolo de sua parte não fazer qualquer pesquisa sobre seu empregador.

Ele disse, entretanto, que depois que foi embora, as outras questões ficaram martelando em sua cabeça. Inicialmente, não queria admitir que estava incomodado por sentir que seu emprego era frágil ou estava ameaçado por qualquer motivo, mas depois percebeu que estava, sim, principalmente quando começou a procurar informações que pudessem anular os fatos negativos que identificamos em nosso encontro.

Daniel tinha desejado muito ter uma posição melhor e voltar a ganhar um salário maior. Trabalhar como assistente era bastante humilhante para alguém com o currículo dele. Ver essa conquista ameaçada o incomodava muito e sua primeira vontade foi de ignorar os acontecimentos de nossa última sessão. Ele confessou que teve vontade de parar como nossos encontros e simplesmente seguir em frente, assim poderia continuar sua trajetória sem reflexões sobre o assunto, já que somente ele e eu havíamos falado sobre isso.

Contou que seu dilema não diminuiu quando elaborou essa solução, por isso decidiu compartilhar suas questões com o pai, mesmo imaginando qual seria sua relação. Porém, como havia percebido nos últimos tempos, o pai era um mentor muito sábio e certamente teria algum conselho para lhe dar.

Havia aprendido que, se tivesse ouvido os conselhos dele antes, talvez ainda estivesse trabalhando no seu primeiro emprego. Além disso, a ideia de se aproximar da Câmara de Comércio da China tinha sido de seu pai, então ele tinha participação no que estava acontecendo.

Apresentou todos os fatos para seu pai, inclusive as matérias publicadas na China, acreditando que dessa forma teria uma opinião mais completa, afinal estava apresentando os dois pontos de vista de um mesmo cenário.

Ele se surpreendeu com a reação de seu pai quando, em vez de receber um conselho a respeito do que fazer, ouviu uma pergunta fulminante: "Você está com a consciência em paz por ajudar alguém como esse empresário ou o grande salário anestesiou seu caráter?".

Daniel disse que sentiu a pergunta penetrar sua alma de forma cortante e, enquanto estava refletindo, ouviu seu pai complementar seu pergunta com uma frase ainda mais aguda:

"Filho, caráter não tem pontos de vista, o que é correto sempre será, independentemente da cultura ou da época. Você precisa decidir se vai moldar sua vida fazendo certo as coisas ou fazendo as coisas certas. A escolha é sua e as consequências também."

Achei espetacular o posicionamento do pai e deixei que Daniel percebesse isso. Quando finalizou o relato, ele olhou para mim aguardando algum comentário. Antes de dizer qualquer coisa, questionei se ele havia tomado alguma decisão ou esperava algum tipo de conselho de minha parte.

Ele ficou pensativo por alguns instantes e disse que havia acabado de tomar uma decisão.

Esse comentário me deixou curioso, mas apenas perguntei se ele queria compartilhar a decisão comigo naquele momento e sua resposta foi que não. Preferia resolver algumas coisas antes e depois me comunicaria.

Acatei seu posicionamento e encerramos a sessão.

Alguns dias depois do nosso encontro, ele solicitou uma nova sessão e marcamos para um sábado, porque ele queria um pouco mais de tempo para conversar.

Quando chegou, estava ansioso para conversar, mas pediu que antes eu apresentasse o conteúdo que acabei não mostrando no encontro anterior.

Concentrei a apresentação nas quatro questões e dei bastante ênfase para a última e mais decisiva pergunta – PARA QUE FAZER?

Ele ficou bastante emocionado e, tentando disfarçar as lágrimas, disse que queria ter encontrado essas perguntas quando ainda era apenas um *trainee*, assim teria percebido o quanto era imaturo e arrogante, fazendo escolhas que desviaram muito a realização de seus propósitos.

Perguntei se ele sabia agora qual era o seu propósito pessoal. Ele acenou afirmativamente e disse que tinha a ver com a decisão que havia tomado em nosso último encontro.

Contou que saiu do escritório e foi encontrar o empresário chinês para pedir sua demissão. Acenei com a cabeça, mostrando que entendia a seriedade de sua escolha.

Daniel disse que comunicou a decisão ao patrão, que não pediu maiores explicações, simplesmente acertou as contas sem nem mesmo agradecer o tempo que trabalharam juntos.

A frieza do empresário não surpreendeu Daniel, afinal ele tinha a sensação de estar FAZENDO O QUE É CERTO. Falou com seu pai sobre a decisão e começou a fazer planos para seguir em frente.

Comentou que já havia identificado uma oportunidade para abrir uma empresa de assessoria para expatriados que chegam ao país e precisam de ajuda para instalar suas famílias.

Elogiei a decisão e a forma como lidou com todo o processo. Fizemos um balanço de todo o tempo que estivemos juntos e ele sorriu ao dizer que realmente havia encontrado uma nova trajetória profissional e aprendido a seguir os conselhos de seu pai.

Mantivemos contatos virtuais ainda por algum tempo e nos encontramos novamente depois de dois anos, quando ele me convidou para a inauguração do novo escritório de sua empresa. Contou que o negócio havia crescido bastante. Sua empresa já tinha dez funcionários e estava atendendo, em média, 40 famílias por mês.

Falou que estava trabalhando muito e bastante feliz, pois agora o pai também era seu sócio.

Judith

Vinte dias se passaram antes de Judith aparecer para uma nova sessão de mentoria. Apesar de estar com muita expectativa sobre a possibilidade de uma gravidez, preferi não abordar essa questão no início da sessão. Deixei que ela conduzisse o tema no seu próprio ritmo.

Ela começou falando sobre o trabalho, que caminhava muito bem, com diversos clientes confirmando os pedidos e muitos elogios de seus patrões sobre sua atuação. De fato, a agência, que operava apenas com pacotes de viagens nacionais, agora, com toda a experiência e a disposição de Judith, conseguia atuar com pacotes internacionais e também com cruzeiros marítimos.

Judith contou que estava organizando uma excursão para Nova Zelândia e que pretendia levar os turistas aos lugares onde foram gravadas várias cenas da série de filmes *O senhor dos anéis*. Disse que se essa ideia desse certo, iria preparar diversos outros roteiros baseados em cenários de filmes.

Já tinha projetos de viagens para o Vaticano baseados no filme *O código Da Vinci*, passeios em Dubai com inspiração no filme *Missão impossível – o protocolo fantasma* e muitas outras ideias. Estava bastante entusiasmada em ter a oportunidade de projetar e sonhar com esses roteiros. Mencionou que, em alguns, ela mesma seria a principal guia da excursão e tentaria, inclusive, apresentar o filme para os turistas durante a viagem, assim a experiência seria única.

Elogiei a ideia, pois parecia ter uma boa dose de inovação e certa simplicidade de execução. Ela ficou feliz com minha reação e contou diversas outras possibilidades que tinha em mente. Era a primeira vez que via Judith tão focada. Sua dedicação era impressionante. Falava com muita energia, deixando bem evidente que acreditava totalmente em seu projeto.

Depois de um grande tempo falando sobre seus projetos turísticos, finalmente ela decidiu falar sobre o assunto que estava pendente desde a última sessão.

Ela disse que tinha estado bastante aflita em ter que lidar com a questão de uma possível gravidez. Sabia que nem seu ex-namorado nem a família dele receberiam bem a notícia. Pensar em ter um filho que talvez fosse rejeitado por parte da família era bastante doloroso e ela confessou que, em alguns momentos, pensou em não ter o filho, mas disse que isso doeu ainda mais em sua alma. Falou que as reflexões eram constantes e não conseguia parar de pensar. Isso tirava sua concentração e a mantinha em um estado de tristeza.

Sentiu-se muito sozinha em diversos momentos, mas depois de tudo isso, concluiu que, se estivesse grávida, iria criar o filho com muito amor e dedicação, mesmo que houvesse obstáculos enormes. Acenando com a cabeça, eu demonstrava que estava aprovando suas reflexões e conclusões, mas não interferi para que não dispersasse sua narrativa.

QUAL É O SEU PROPÓSITO?

Ela fez mais exames, como eu havia orientado, e soube que não estava grávida. Contudo, descobriu que tinha um tumor em seu útero e esse era o motivo das alterações nos resultados dos exames que havia realizado antes.

Confessou que o alívio que sentiu foi tão grande, que não deu importância para a notícia do tumor. Ela disse que sua reação foi patética a ponto de o médico perceber e dar uma bronca, afinal havia, de fato, um problema sério que merecia sua atenção.

Novamente, a notícia me surpreendeu, mas ela percebeu minha reação e rapidamente falou que já havia realizado novos exames e o tumor era benigno. Ela faria uma cirurgia em breve e certamente não haveria maiores consequências.

Aliviado com o restante do relato, perguntei como ela tinha enfrentado as últimas semanas, pois os acontecimentos foram bastante intensos.

Ela sorriu e disse que foi a melhor coisa que poderia acontecer nesse momento, porque conseguiu finalmente perceber que teria escolhas importantes para fazer em toda a sua vida. A primeira era desapegar definitivamente de seu antigo namorado, pois percebeu que havia criado um vínculo de dependência emocional com ele e isso não só tirava sua energia como também desviava a atenção de seus desejos e sonhos.

A segunda conclusão que extraiu da experiência era absolutamente nova para ela. Com a possibilidade de um filho, ela percebeu que realmente queria ter uma família e deveria concentrar parte de sua energia nesse desejo, mas para isso deveria fazer escolhas melhores em seus relacionamentos.

Interrompi o relato e perguntei se ela aceitava uma sugestão de critério para buscar um companheiro. Rindo e com um tom de súplica ela disse: "Sim, por favor".

Eu ri e disse que era um conselho muito caro e fiz ainda algum suspense, até que sua ansiedade quase se transformasse em aflição. Finalmente eu disse: "Procure um companheiro que trabalhe muito, seja carinhoso com as pessoas e faça você rir sempre".

Ela sorriu agradecida e, refletindo sobre meu conselho, confirmou que não era nada disso que tinha com seu ex-namorado. Concordou com cada palavra e disse que esse conselho também podia ser aplicado nos relacionamentos com amigos. Eu concordei e sugeri que ela adotasse como padrão de relacionamento em todas as ocasiões.

Terminamos a sessão com um longo abraço e promessas de continuarmos a nos encontrar sempre. Contudo, a rotina que ela estava iniciando tornou a possibilidade de encontros muito complexa, pois ela passou a viajar constantemente em seus criativos roteiros de viagens.

Depois de três anos, recebi uma mensagem longa contando as últimas notícias. Ela escrevia da Grécia, onde acompanhava um grupo de turistas que gostavam muito do filme *Fúria de titãs*.

Em sua mensagem, contou que havia se tornado sócia de seus patrões, realizando o sonho de ter uma agência de turismo. E essa notícia, apesar de ser muito boa, não era a única. Ela havia conhecido um agente de turismo italiano e estavam juntos há quase dois anos.

Agora estava me escrevendo para comunicar que eles haviam decidido se casar e que ela estava grávida de uma menina que nasceria em pouco tempo.

Tales

Mais uma vez conseguimos nos reunir. Dessa vez, Tales fez questão de arrumar um espaço em sua agenda e vir para a sessão, pois queria concluir o assunto que deixamos em aberto em nosso último encontro.

A questão "o que você deve fazer com seus sonhos?" gerou muito incômodo nele e agora considerava muito importante falar sobre isso. Aceitei a proposta de conversar sobre esse tema e questionei quais tinham sido suas reflexões.

Ele contou que reavaliou todas as suas expectativas e planos dos últimos anos, o que deu certo e o que não funcionou como desejava. Sabia que já estava numa idade de tomar decisões mais definitivas na vida e queria muito acertar dessa vez. Compartilhou que não queria mais desistir de seus sonhos, principalmente do "sonho que não sabia que podia ter", como disse em nosso encontro passado.

Achei bastante elaborada a sua reflexão. Ele articulava as palavras de forma segura e resolvida, demonstrando saber o que queria. Decidi questionar se havia em suas palavras algum tipo de decisão e ele disse que não, porque queria conversar comigo antes. Fiquei atento, pois me pareceu que ele estava buscando algum tipo de sugestão para as escolhas que queria fazer. Decidi apresentar os conceitos previstos para a sessão, destacando a Questão 1 (O QUE FAZER?).

Os últimos meses foram decisivos para ele. Havia conquistado um novo emprego que o motivava, tinha conseguido sair da casa de sua mãe e estava novamente vendo seu verdadeiro potencial. Como havia falado nas primeiras sessões, buscava uma nova oportunidade para sua vida e entendia que agora havia conseguido alcançar esse objetivo.

Pedi que ele falasse um pouco sobre a vida com a namorada e seu rosto se iluminou.

Contou que ela era incrível. Entendia cada sentimento que tinha e era capaz de incentivá-lo nos momentos mais difíceis. Mencionou que, muitas vezes, apenas a presença dela era suficiente para que tivesse novas ideias para o projeto. Falou sobre os passeios de bicicleta, sobre as metas de quilometragem que assumiam juntos. Destacou que estavam sempre conversando, pois parecia que os assuntos nunca acabavam, estavam sempre se renovando.

Ele descrevia seu relacionamento descontraidamente, sempre sorrindo e empolgado, por isso questionei o que o estava incomodando.

Ele admitiu que tinha muitas dificuldades em lidar com as perdas que a vida lhe impõe. Não gostava de ser obrigado a fazer escolhas, principalmente quando tudo estava caminhando tão bem. Tinha medo de perder alguma coisa boa que lutou para conquistar.

Eu sabia que Tales estava novamente diante de um momento de escolha, por isso pedi para ele falar diretamente sobre seu dilema, assim ele deixaria evidente quais seriam os ganhos e as perdas que o cenário apresentava.

Comentou que estava dividido entre manter a nova realidade, ou mudar radicalmente sua vida, apostando tudo em um relacionamento. Provoquei dizendo que não estava muito claro onde estava a perda, afinal ele estava na nova realidade que incluía a namorada.

Ele me repreendeu dizendo que eu sabia que ela estava indo embora para a Polônia e que o namoro iria acabar. Perguntei qual era a escolha, qual seria a "aposta" que teria de fazer e ele respondeu que a única forma de mantê-la em sua vida seria abandonar tudo e ir com ela.

Questionei se havia chances disso acontecer de verdade e ele confirmou que a namorada havia proposto isso, pois ela queria muito continuar o relacionamento, mas havia fechado o contrato de trabalho antes de eles se conhecerem e agora não podia anular essa decisão.

Tales disse que havia até uma pequena possibilidade de ele se envolver no projeto no novo país, mas que não era uma certeza. Seria também uma aposta e isso o deixava ainda mais apavorado. Seu medo era voltar a se deprimir por não conseguir se posicionar e ainda acabar se tornando dependente de sua namorada quando chegasse à Polônia.

As reflexões dele mostravam o quanto havia aprendido com toda a sua experiência, por isso decidi lembrá-lo de como conseguiu "virar á página" de sua vida.

Falei sobre como desejava mudanças e como queria voltar a sonhar, destacando que isso só aconteceu quando ele encontrou o "sonho que não sabia que podia ter".

Contei sobre as impressões que ele passava quando falava de seu relacionamento e de como isso o motivava.

Questionei, nesse momento, se as conquistas que havia mencionado teriam acontecido sem a presença da namorada em sua vida. Ele levantou a cabeça com lágrimas nos olhos e disse que não tinha percebido, mas já havia feito a escolha de sua vida.

Sorri e não falei mais nada, apenas concordei com ele.

Encerramos a sessão com um forte abraço e pedi para que ele mandasse notícias sempre.

Nove meses depois desse encontro, uma mensagem animadora. Ele havia conquistado uma posição em uma agência de publicidade da Polônia e recentemente conquistara um cliente global. Com o avanço da conta, os sócios decidiram abrir uma sede no Brasil, nomeando ele e a namorada para serem a dupla de criação na nova agência. Em sua mensagem, Tales disse que gostaria de marcar um novo encontro para apresentar sua companheira, agora noiva.

Vitória

Ela não estava com uma aparência boa quando chegou. Seu rosto parecia de alguém que havia acabado de chorar, por isso, quase que por instinto, perguntei se estava tudo bem. Ela me abraçou e chorou demoradamente.

Havia passados mais de dois meses desde a última sessão e imaginei que sua partida para o Timor Leste estivesse próxima. Contudo, não tirei conclusões sobre sua atitude no momento, pois parecia que algo muito importante estava acontecendo.

Ela demorou até se recompor. Creio que estava precisando chorar fazia algum tempo e encontrou o momento justamente quando chegou ao escritório.

A primeira coisa que disse foi que não iria mais viajar, pois teria que ficar no Brasil por muito tempo.

Imaginando que a notícia tivesse alguma ligação com o registro negativo em seu passaporte, devido ao o que aconteceu no Peru, questionei se houve impedimentos jurídicos para isso e ela olhou para mim como se não entendesse a relação entre sua frase e meu questionamento. Percebi que estava supondo demais e decidi apenas aguardar seus relatos.

Entre soluços, ela contou que havia acontecido uma tragédia em sua vida. Seu pai havia sofrido um grave acidente e estava internado em coma. Ele caiu da bicicleta em uma trilha de montanha e bateu muito forte com a cabeça em uma pedra. Levou algum tempo até ser resgatado, porque o local era de difícil acesso e seus colegas apenas perceberam a ausência dele quando já estavam no final da trilha. Isso tornou seu quadro de saúde ainda mais grave.

A notícia realmente me surpreendeu, mas foi na reação de Vitória que me concentrei – ela, agora, parecia intensamente ligada ao pai e isso afetava seu comportamento. Questionei como ela estava lidando com tudo isso e ela, um pouco mais calma, começou a relatar sua própria realidade.

Disse que desde que nos encontramos pela última vez, já estava alinhando as coisas para sua viagem. Havia conseguido uma autorização especial na embaixada brasileira, já que o registro em seu passaporte tinha realmente um grande peso, afinal ela pretendia trabalhar em um projeto vinculado ao exército e qualquer desabono precisava ser muito bem esclarecido.

Resgatar o relacionamento com seu pai tinha ajudado bastante, pois ela se sentia mais leve para avançar em seus planos, que incluía também a realização do curso de Assistência Social, mesmo que a distância.

Ela contou que tudo caminhava bem até que foi surpreendida pela notícia do acidente e agora estava cancelando tudo para ficar com seu pai.

Questionei se essa escolha era definitiva ou era apenas um adiamento, afinal o quadro de saúde de seu pai poderia se estender por um tempo indeterminado.

Depois de alguns instantes de silêncio, ela disse que havia decidido cancelar todos os seus planos e ficar com o pai integralmente. Contou que desde a separação da mãe ele havia se tornado uma pessoa solitária, com o foco integral no trabalho e que só recentemente estava retornando a atividades sociais. Andar de bicicleta era uma dessas atividades que ele realizava com um grupo de amigos.

Contou que sentia uma parcela de culpa por ter colaborado com a separação e agora estava decidida a reparar isso. Ela não poderia contar com sua mãe que, depois de tudo, acabou se relacionando com outra pessoa e já não tinha contato com o pai há muito tempo.

Perguntei se a mãe sabia do acidente e Vitória disse que havia contado, mas que sua única reação foi uma breve visita no hospital, quando ela pediu que fosse acionada se Vitória precisasse de alguma coisa.

Tomamos um chá e conversamos um pouco sobre o conteúdo que havia preparado para sessão – as quatro questões – e ela foi se tranquilizando ao saber que eu estava disposto a continuar a mentoria.

Ao ter contato com o conteúdo, disse que, mesmo sem saber, havia descoberto um propósito para sua vida e que a Questão 4 (PARA QUE FAZER?) era constante em sua mente, desde que passou a primeira noite na cadeia.

Contou que, no início, tentava entender a razão de tudo aquilo ter acontecido. Quando fazia isso, percebia que estava sempre procurando um porquê, um culpado. Contudo, depois começou a perceber que ela era a única responsável por cada escolha que fazia, daí passou a se perguntar para que estava fazendo essa escolha. Isso a remetia imediatamente a um propósito para cada escolha. Foi nesse momento que decidiu não fazer mais escolhas sem um propósito real e firme. Fiquei emocionado com a clareza de pensamento de Vitória. Ela havia realmente se transformado muito com todas as experiências que viveu. Agora estava disposta a sustentar o propósito de apoiar o pai e nada parecia desviar sua escolha.

Continuamos a fazer sessões regulares e depois de algum tempo o pai saiu do coma e começou um processo lento de recuperação, sempre com a ajuda dela, que passou a morar com ele e era sua grande companheira.

Algum tempo depois, Vitória apareceu na sessão com novidades. Seu pai já estava bem recuperado e mesmo com algumas limitações, já estava retornando ao trabalho.

Fiquei contente com a notícia e a provoquei, perguntando se ela iria retomar o plano de ir para o Timor Leste. Vitória sorriu e disse que não, pois havia recebido o convite para estagiar em um navio do Greenpeace...

Sendo um pouco atrevida, ela lembrou de uma frase que tinha me dito fazia muito tempo: "A vida é um risco. Corra o risco de vivê-la".

Rimos muito e nos despedimos com um longo abraço.

Roberto

Esperava a chegada de Roberto com grande expectativa. Em nosso último encontro, ele havia tomado uma importante decisão, mas não sabia se a levaria adiante.

Ele chegou atrasado para a sessão e imediatamente pediu desculpas, pois havia se atrapalhado com algumas tarefas e perdeu o horário. Disse que isso não acontecia antes com tanta frequência, mas estava se tornando cada vez mais comum.

Estranhei sua afirmação e decidi começar nosso papo com esse tema. Assim que ele se acomodou, questionei se estava se atrasando para outros compromissos e ele, coçando a cabeça como um garoto levado e rindo, disse que sim, sem, contudo, apresentar qualquer explicação para o fato.

Contou que estava tentando levar uma vida mais leve, sem ser tão rígido com as coisas, porque percebia que parte de sua atitude dura com as pessoas tinha origem em como agia consigo mesmo. Ele disse que era extremamente exigente com seus resultados e tinha uma autocrítica implacável.

Concordei, inicialmente, mas perguntei se ele estava satisfeito em agir assim e sua resposta foi inusitada. Contou que não se divertia nem um pouco, achava, inclusive, que era muito desajeitado agindo assim. Na maioria das vezes, não sabia a hora de ser um pouco mais flexível e acabava errando feio. Algumas vezes, se via agindo com um pouco mais de leveza, mas internamente torcendo para tudo dar errado, assim ele poderia voltar a agir de maneira mais estruturada e rígida, que era sua zona de conforto.

Disse a Roberto que não precisava fazer disso uma meta. Devia desenvolver seu lado mais adaptativo, mas não forçar uma situação, pois aconteceria exatamente o que estava relatando. O caminho é ficar atento aos acontecimentos e, quando surgir um impasse em que se vê agindo de forma mais rígida, usar a oportunidade para avaliar um comportamento diferente.

Ele disse que era exatamente isso que estava tentando fazer, mas ainda era muito desajeitado, inclusive para identificar essas oportunidades.

Sugeri que adotasse um ritmo mais lento para se desenvolver e aproveitei para questionar sobre sua decisão de retomar os estudos.

Roberto sorriu e disse que estava determinado, sim. Contou que já havia feito o vestibular e aguardava o resultado para os próximos dias. Comentou que chegou a pensar em fazer um vestibular em uma universidade federal, mas percebeu que dificilmente teria chances na primeira tentativa, já que estava sem estudar há muito tempo. Refletiu um pouco e optou por uma universidade particular, pois sabia que se fizesse o vestibular e não passasse, teria mais uma desculpa para adiar a decisão, por isso fez um vestibular agendado em uma faculdade próxima de seu trabalho.

Elogiei a decisão "estratégica" que havia tomado, pois mostrava que já se conhecia o suficiente para saber de suas limitações e fazer escolhas mais acertadas. Perguntei quando começariam as aulas e ele respondeu que não sabia, porque ainda estava muito nervoso com o resultado do vestibular.

QUAL É O SEU PROPÓSITO?

Com o rosto sério, disse que estava preocupado de não passar nem nesse tipo de exame. Falou que se isso acontecesse, aí, sim, ficaria muito mais preocupado de ter parado de estudar há tanto tempo.

Rindo, eu disse a ele que era justamente com esse tipo de situação que deveria relaxar, que se não passasse nesse curso, poderia tentar o outro. O mais importante era sustentar a decisão de retomar os estudos, a forma como isso aconteceria era apenas consequência de suas escolhas.

Gastamos o tempo da mentoria falando de outras situações em sua vida que mereciam um pouco mais de adaptação e apresentei para ele um vídeo de um rapaz que esteve em um acidente aéreo, mas que saiu ileso. O nome do vídeo é "As três coisas que aprendi quando meu avião caiu" e está disponível na internet em um site de palestras (*http://www.ted.com/talks/ric_elias.html*).

Na apresentação, Ric Elias, que tinha um assento na primeira fila no voo 1549 – o avião que pousou no rio Hudson, em Nova York, em janeiro de 2009 – fala sobre o que passou pela sua mente enquanto o avião descia desgovernado. Em um depoimento emocionado, ele conta que, com a possibilidade de morrer tão presente, reavaliou toda a sua vida e depois que sobreviveu à experiência, tomou três conclusões:

1. Tudo na vida muda em instantes, por isso, agora coleciono somente vinhos ruins. Porque se o vinho bom está à disposição e a pessoa está ali, eu o abrirei.

201

2. Me arrependo de perder tempo com coisas sem importância e que envolvem pessoas importantes para mim. Não tentarei estar certo sempre. Tentarei ser feliz!
3. Eu apenas desejo ver meus filhos crescerem. Percebi que em toda minha vida, tudo o que eu quis foi ser um grande pai.

Roberto se disse surpreso com mais esse aprendizado e, emocionado, se despediu.

Algumas semanas depois, ele enviou uma mensagem dizendo que havia passado no vestibular e começaria seu curso no início do próximo ano.

Continuamos as sessões de mentoria até que iniciou a faculdade. Depois disso, ficou mais difícil realizar os encontros com frequência, mas mantínhamos contato virtualmente.

Depois de um ano na faculdade, ele foi surpreendido com algumas notícias.

Seus chefes, vendo a mudança de atitude e a dedicação de Roberto, decidiram promovê-lo a subgerente e, além de aumentarem seu salário, também passaram a pagar uma bolsa de estudos para que conseguisse concluir o curso com tranquilidade. Disseram ainda que, assim que concluísse a faculdade, seria promovido a gerente e entraria em um programa de desenvolvimento de liderança para que pudesse continuar sua carreira profissional.

Atualmente, Roberto é gerente geral de logística na empresa e continua estudando. Agora está fazendo uma especialização em Gestão de Pessoas e pretende ser mentor em breve.

Liliane

Demorou alguns meses até ela entrar em contato novamente. Dessa vez, preferiu mandar uma mensagem perguntando se ainda podia pedir uma sessão de mentoria.

Eu não recusei, mas mantive o tom neutro. Não queria que ela entendesse errado minhas reações, afinal, nosso último encontro tinha sido bem tenso e ela tinha sido indelicada em sua atitude. Imaginei que nesse momento ela já havia prestado a primeira fase do exame da OAB e que, agora, como combinado, estava buscando um novo contato.

Ela chegou com uma enorme caixa de bombons e suas primeiras palavras foram pedidos de desculpas. Disse que sentia-se envergonhada por ter agido daquela forma e de ter descarregado toda a sua energia e raiva em mim. Eu apenas ouvia em silêncio, pois sabia que ela tinha se preparado muito para esse reencontro.

Liliane contou que eu não tinha ideia de como ela estava com medo de fazer o exame e queria, com todas as forças, achar uma forma de não fazê-lo e ainda viver bem com essa decisão. Comentei apenas que ninguém a estava obrigando a ser advogada. Essa era uma escolha dela.

Mesmo sendo sereno em minhas palavras, ela percebia que eu estava atento as suas reações e perguntou se estava magoado com ela. Eu disse que tinha ficado surpreso e um pouco triste com sua atitude, mas não estava magoado, apenas um pouco mais neutro. Novamente, ela se desculpou e pediu que eu esquecesse nosso último encontro. Eu disse que isso era impossível, pois ele havia acontecido e não podíamos apagar os fatos. Nessa hora, falei uma frase muito popular para reforçar meus argumentos:

"Há três coisas na vida que nunca voltam atrás: a flecha lançada, a palavra pronunciada e a oportunidade perdida."

Assim que pronuncie a frase, percebi que havia sido bastante rude com minha colocação. Ela começou a chorar dizendo que merecia ouvir isso.

Lamentei minha falta de tato e me desculpei pela indelicadeza, pedindo que ela abrisse a caixa de bombons e encerrássemos esse momento com alguns chocolates. Ela sorriu e fez o que sugeri.

Com o ambiente um pouco mais leve, pedi que me atualizasse sobre sua vida e ela passou a relatar os últimos acontecimentos.

Contou que seu pai havia saído da clínica há algumas semanas e eles estavam morando em um apartamento. Ela explicou que quando saiu o inventário de sua avó, soube que o dinheiro que estava na conta era bem maior do que imaginava, pois era uma conta de poupança e o valor tinha se atualizado. Com o dinheiro, ela pôde pagar todo o tratamento

QUAL É O SEU PROPÓSITO?

do pai e ainda manter uma boa reserva financeira que ajudaria a estabilizar sua vida com ele. Ela alugou um imóvel quando ele ainda estava na clínica. Com o dinheiro, conseguiu mobiliar com todos os confortos que acreditava que o pai precisava e ainda pôde manter sua própria estrutura pessoal bem confortável. Disse que se sentiu muito segura com todas essas mudanças e que em nenhum momento sentiu aquele pânico que mencionava em nossas primeiras sessões. Reagi dizendo que estava gostando de saber de suas conquistas pessoais. Superar o medo de mudanças era uma de suas grandes vitórias desde que nos conhecemos.

Questionei sobre o trabalho e ela afirmou que lá continuava tudo caminhando muito bem, mas os chefes estavam sempre questionando sobre seu exame e isso ainda era um ponto complexo em sua trajetória.

Ela contou que havia feito a inscrição, mas não compareceu para o exame, porque na hora ficou com medo. Depois se sentiu uma covarde novamente. Ela disse que em nosso último encontro não quis contar que tinha faltado no exame, pois achava que eu iria repreendê-la, por isso decidiu apresentar todos os argumentos que encontrou. Compreendi nesse momento por que ela estava tão agressiva naquele encontro.

Comentei que jamais iria julgá-la por uma escolha. Meu papel é ajudá-la a aprender com as consequências de suas decisões e não arbitrar o que é certo ou errado. Não sou sua consciência, sou seu mentor.

Ela olhou para mim dizendo que sabia disso, mas na hora não conseguia pensar em nada, apenas sentia-se derrotada por ter fugido do exame.

Perguntei por que ela havia me procurado agora, lembrando de suas últimas palavras sobre somente me procurar quando tivesse passado na primeira fase do exame. Novamente, ela olhou para mim e disse que o exame da primeira fase aconteceria no dia seguinte, por isso queria estar comigo antes, assim teria segurança de que não fugiria novamente.

Fiquei um pouco desconsertado com sua lógica e perguntei como poderia ajudá-la, mas ela rapidamente disse que apenas estar lá e contar o que havia acontecido já estava ajudando muito, pois ela lembrou que agora precisava dar um novo significado para sua vida, já que seu pai dependeria muito dela daqui para frente.

Marcamos um novo encontro para logo depois do exame, assim ela poderia relaxar e contar como foi a experiência. Ela agradeceu e encerramos a sessão, porque ela precisava estudar um pouco mais para a prova do dia seguinte.

Após o exame, ela apareceu rapidamente no escritório e disse que estava bem tranquila. Contou que havia conversado bastante com o pai que a incentivou como nunca havia feito em toda a sua vida. Suas palavras foram determinantes para ela conseguir ir ao exame.

Algumas semanas depois, ela me contou que havia passado para a segunda fase e agora estava estudando muito. Novamente, celebramos com bombons e, agora, ela estava bastante determinada a concluir o processo.

Na véspera do exame final ela esteve no escritório. Estava muito mais tranquila e focada. Contou que havia conversado com seus patrões e eles deram muitas dicas e até a ajudaram nos estudos. Comentou que todos no escritório estavam torcendo por ela. Agora era só fazer o exame.

Ela voltou alguns dias depois, com um envelope lacrado. Disse que era o resultado do exame. Acabei contaminado por sua ansiedade e questionei se sabia o resultado. Ela disse que não tinha aberto o envelope, porque estava com muito medo. Queria abrir perto de mim. Eu sorri lisonjeado e pedi para ela abrir o envelope e ver o resultado...

Sua reação foi explosiva. Havia passado no exame. Ela começou a chorar, gritar, abraçar a mim e a minhas assistentes. Sua alegria era imensa. Não podia imaginar tudo que passava em sua mente naquele momento, por isso entrei no jogo e comecei a gritar e pular com ela. Comemoramos todos juntos no escritório, com muitos bombons e muitas lágrimas.

Ela saiu de lá correndo para contar sua conquista para o pai e para seus colegas.

Depois, quando estava sozinho, chorei de alegria por ela. Eu fiquei com esse sentimento em meu coração e a sensação de que a missão de ser mentor vale cada momento.

CONECTADOS, MAS MUITO DISTRAÍDOS

Sua estrada é construída a cada passo que você dá!

É BEM VERDADE QUE agora tudo é mais intenso, mais frenético, mais complexo do que há alguns anos, mas será que isso justifica a ansiedade crônica com a qual desenvolvemos nossos interesses?

Uma das frases que mais ouço atualmente é: "Eu sou muito ansioso, não aguento esperar". Como se, ao dizer isso, a pessoa pudesse conquistar um perdão incondicional para a falta de tato na comunicação ou para eventuais falhas decorrentes de atropelos e decisões impensadas. Uma tentativa de estabelecer o rigor científico para essa questão beira a heresia acadêmica, pois tenta estabelecer correlação com o Distúrbio de Déficit de Atenção (DDA) para toda essa ansiedade descontrolada, do tipo que determina que tudo é prioridade, tudo é urgente, tudo é para agora.

Lamentavelmente, estamos nos esquecendo que tudo tem um tempo para acontecer. Ninguém pode acelerar as coisas simplesmente porque "não consegue esperar". Isso é imaturo e, certamente, é desrespeitoso com as demais pessoas envolvidas. Vejo exemplos disso toda vez que estou chegando de uma viagem de avião. Nem bem a aeronave pousa, já surgem os primeiros passageiros aflitos se amontoando no corredor com suas bagagens caindo na cabeça dos "menos aflitos". Esses passageiros agem como crianças imaturas, como se não soubessem que todos irão sair de qualquer jeito. Com isso, acabam desrespeitando os demais passageiros.

Há efeitos muito negativos quando esse comportamento ansioso acontece na carreira do profissional, porque além de reduzir muito as oportunidades de real desenvolvimento por meio de experiências profundas e sedimentadas, o que acontece é o atropelamento de expectativas com o consequente desenvolvimento superficial. Ou seja, talento e ansiedade são inimigos mortais. Totalmente inconciliáveis!

Isso gera um paradoxo nos dias atuais, pois justamente agora, que temos um real aumento na expectativa de vida e, consequentemente, da vida profissional, deveríamos desenvolver nossas carreiras de forma mais serena, sem ansiedade, explorando todos os nossos talentos conhecidos e ampliando nossas possibilidades, não agindo como se fôssemos morrer nos próximos dez anos.

Você precisa lembrar que nossa vida é construída em etapas e cada uma delas tem sua importância e significado. Excluir ou não explorar qualquer uma dessas etapas irá trazer resultados diferentes das expectativas que você mesmo estabeleceu para sua trajetória e reduzirá sensivelmente o desenvolvimento de seu talento.

Como mentor de diversos jovens, gostaria de deixar apenas um lembrete para você:

> Sonhe sempre e realize muito, pois sua estrada é construída a cada passo você que dá!

FORMULÁRIOS

ASPIRAÇÕES

| SONHOS | DESEJOS | REALIZAÇÕES |

EXPERIÊNCIAS   Registrando os obstáculos

| PRAZERES | FRUSTRAÇÕES | PESADELOS |

FORMULÁRIOS

AUTOCONHECIMENTO

FACILIDADES	LIMITAÇÕES

ÂNCORAS

	ordem	pontuação
COMPETÊNCIA TÉCNICA E FUNCIONAL		
COMPETÊNCIA ADMINISTRATIVA GERAL		
AUTONOMIA E INDEPENDÊNCIA		
SEGURANÇA E ESTABILIDADE		
CRIATIVIDADE EMPRESARIAL		
DEDICAÇÃO A UMA CAUSA		
DESAFIO PURO		
ESTILO DE VIDA		

Edgar Schein - 1996 - http://www.psico.ufrj.br/sup2/ancora/index.htm

PROJEÇÕES

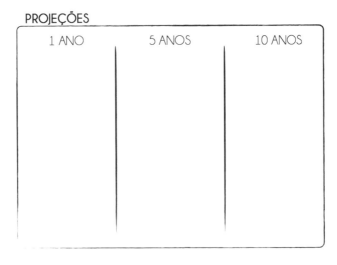

PLANO DE AÇÃO

FORMULÁRIOS

OPORTUNIDADES

	O QUE É?	VANTAGENS	DESVANTAGENS
1.			
2.			
3.			
4.			
5.			
6.			
7.			

▲

BIBLIOGRAFIA

ARIELY, Dan. *Previsivelmente irracional*. São Paulo: Elsevier, 2008.

CARMELLO, Eduardo. *Gestão da singularidade*. São Paulo: Editora Gente, 2013.

CANFIELD, Jack; HEALY, Kent. *Jovens com atitude enriquecem mais rápido*. Sao Paulo: Universo dos Livros, 2013.

CONNER, Daryl R. *Managing at the speed of chance*. Hardcover, 1993.

ESTEVES, Sofia Amaral. *Virando gente grande*. São Paulo: Editora Gente, 2011.

FRAIMAN, Leo. *Meu filho chegou à adolescência, e agora?* São Paulo: Integrare, 2011.

GOLEMAN, Daniel. *Foco*. São Paulo: Editora Objetiva, 2014.

HUNTLEY, Rebecca. *The world according to Y: inside the new adult generation*. Allen & Unwin, 2006.

KOCH, Richard. *Princípio 80/20: O segredo de se realizar mais com menos*. Rio de Janeiro: Editora Rocco, 2000.

LEVITT, Steven D.; DUBNER, Stephen J. *Freakonomics*. São Paulo: Editora Campus, 2005.

MYERS, Isabel Briggs; MYERS, Peter B. *Ser humano é ser diferente*. São Paulo. Fellipelli, 2012.

O LIVRO DA FILOSOFIA: as grandes ideias de todos os tempos. (Vários colaboradores.) São Paulo: Editora Globo, 2011.

O LIVRO DA PSICOLOGIA: as grandes ideias de todos os tempos. (Vários colaboradores.) São Paulo: Editora Globo, 2012.

OLIVEIRA, Sidnei. *Geração Y: O nascimento de uma nova versão de líderes*. São Paulo: Integrare, 2010.

OLIVEIRA, Sidnei. *Geração Y: Ser potencial ou ser talento? Faça por merecer*. São Paulo: Integrare, 2011.

OLIVEIRA, Sidnei. *Jovens para sempre – Como entender os conflitos de gerações*. São Paulo: Integrare, 2012.

REIMAN, Joey. *Propósito*. São Paulo: HSM Editora, 2012.

SEMLER, Ricardo. *Você está Louco?* São Paulo: Rocco, 2006.

SCHNEIDER, Dado. *O mundo mudou... bem na minha vez*. São Paulo: Editora Integrare, 2013.

TAPSCOTT, Don. *A hora da geração digital*. Rio de Janeiro: Agir, 2010.

TIBA, Içami. *Pais e Educadores de Alta performance*. São Paulo: Editora Integrare, 2011.

THRINIDAD, Jöel. *As seis vidas do novo executivo*. São Paulo: Editora Trevisan, 2013.

WILKINSON, Bruce. *As 7 leis do aprendizado*. Venda Nova - MG: Betânia, 1998.

Conheça as nossas mídias

www.twitter.com/integrare_edit
www.integrareeditora.com.br/blog
www.facebook.com/integrare

www.integrareeditora.com.br